Landhaus*Träume*

BILL LAWS

LANDHAUS
TRÄUME

*Die schönsten Ideen für Einrichtung
und Gestaltung rund ums Haus*

BLV Verlagsgesellschaft mbH
München Wien Zürich
80797 München

Titel der englischen Originalausgabe:
THE PERFECT COUNTRY COTTAGE
Text: © Bill Laws 1993
Gestaltung und Layout:
© Conran Octopus Ltd. 1993,
erschienen bei Conran Octopus Limited, London

Deutschsprachige Ausgabe:
© 1994 BLV Verlagsgesellschaft mbH, München

Übersetzung aus dem Englischen: Gabriele Graf
Lektorat: Inken Kloppenburg Verlags-Service,
München
Herstellung: Sylvia Hoffmann
Einbandgestaltung:
NETWORK! Werbeagentur GmbH, München
Einbandfoto (Vorderseite): Elizabeth Whiting &
Associates/David George/Cassell
Einbandfotos (Rückseite): Andrew Lawson,
© Image/Dennis Krukowski, ›The Farmhouse‹,
Bantam Books USA, Elle Decoration/
Simon Wheeler; Jean Pierre Godeaut

Printed in China · ISBN 3-405-14673-9

Die Deutsche Bibliothek –
CIP-Einheitsaufnahme

Laws, Bill:
LandhausTräume: die schönsten Ideen für
Einrichtung und Gestaltung rund ums Haus /
Bill Laws. [Aus dem Engl.: Gabriele Graf]. –
München; Wien; Zürich: BLV, 1994
Einheitsacht.: The perfect country
cottage < dt. >
ISBN 3-405-14673-9

Inhalt

Eine einfache Lebensform

Was ist ein vollkommenes Landhaus? Wie kann man einem nicht ganz vollkommenen alten Gebäude den typischen Landhausstil verleihen? In den folgenden Kapiteln sollen die Entstehung und die unglaubliche Vielfalt des einfachen ländlichen Heimes – von Cornwall bis Connecticut, von Griechenland bis Grenoble – dargestellt. Es sollen praktische Ratschläge gegeben werden, wie man in einem Haus, das sich harmonisch in seine Umgebung einfügt, eine ländliche Atmosphäre herstellt.

Häufig gibt schon das Äußere des Hauses Hinweise auf eine geeignete Innenausstattung. So wird die Küche eines einfachen Steinhäuschens mit kleinen Fenstern durch glitzernde Edelstahleinbauten kaum gewinnen. Das Aufeinanderprallen solch gegensätzlicher Materialien erschlägt den Beschauer. Eine helle, luftige Scheune wirkt kahl und abweisend, wenn sie mit kleinen, niedrigen Möbeln bestückt ist, die aus der Höhe des Raumes kein Kapital schlagen. Das Grundprinzip bei der Einrichtung eines traditionellen, bodenständigen Heims ist die Treue zum Originalbau. Das behagliche Innere sollte auf den ursprünglichen Charakter des Hauses abgestimmt sein.

TYPISCH FÜR DIE REGION

Mit dem gedrungenen Kamin, dem grob verputzten Schieferdach und der leuchtend-weißen Fassade bildet dieses irische Langhaus einen harmonischen Blickfang in der Landschaft. Es steht in der Grafschaft Galway.

VOLLKOMMENE LANDHÄUSER

Das vollkommene Landhaus kennt zahllose Varianten und Stile. Das Cottage – ein kleines Haus mit einem gemütlichen, einladenden Innenraum, das Teil der umgebenden Landschaft ist – hat viele Gesichter. Es kann das Kalksteinhäuschen eines Arbeiters in den Cotswolds sein, ein Holzhaus in Neuengland oder eine winzige strohgedeckte Steinhütte in Irland. All diese Häuschen wurden von örtlichen Handwerkern mit einheimischen Materialien errichtet, die sich harmonisch in die natürliche Umgebung einfügen. Für uns moderne Menschen haben Landhäuser, die ihren ursprünglichen Charakter erhalten haben, den stärksten Reiz. Aus diesem Grund sollte man bei der Restaurierung behutsam vorgehen und alte oder sorgfältig reproduzierte Elemente wie Kamine, Balken, unverputzte Ziegelwände, Türen, Fenster und Fensterläden verwenden.

UNTERSCHIEDLICHE STILE

Die harten Linien des Granitgesteins der Bretagne werden bei dem Cottage oben durch die geschwungene Linienführung des Rieddaches, das über dem kleinen Dachfenster sitzt, abgemildert. Ziegel und Holz sind die Grundmaterialien für dieses amerikanische Heim im Shaker-Stil (rechts). Aus in der Region hergestellten Ziegeln sind der feuerfeste Herd und der Kamin im Gebäudeinneren gebaut, während die Fassade des Hauses mit Holz verkleidet ist.

Von der Zeit, als die Menschen anfingen, Siedlungen zu gründen, bis zur heutigen Sehnsucht der Städter nach einem einfachen Leben auf dem Lande hat sich das bescheidene Landhäuschen seinen Platz im Herzen der Bevölkerung bewahrt.

ÄUSSERES ERSCHEINUNGSBILD

Die Menschen haben ganz unterschiedliche Vorstellungen von einem vollkommenen Landhaus. Für eine moderne Familie aus Boston besteht das Naturhaus ihrer Träume vielleicht aus einem umweltverträglichen Holzhaus, das auf fruchtbarem Boden steht und nicht allzuweit von Dorfschule und Lebensmittelladen entfernt ist. Eine Familie in einem Stockholmer Vorort hingegen strebt womöglich eher nach einem benutzerfreundlichen kleinen Haus mit ländlicher Atmosphäre und den Annehmlichkeiten des modernen Lebens. Stadtmüde Mailänder wiederum mögen sich nach einem einsamen, idyllischen Winterchalet in den Bergen sehnen.

All diesen Vorstellungen gemeinsam ist der Wunsch nach einem einfachen, ländlichen Leben in Harmonie mit der umgebenden Natur. Diese Sehnsucht kennt keine geographischen Grenzen und hat zur Entwicklung einer Vielfalt ländlicher Baustile geführt. Man denke nur an die riedgedeckten, weißgekalkten Häuser der Camargue und die schneeweißen, holzverschalten Bauernhöfe in Massachusetts. Beide verwenden die drei Grundmaterialien, die allen ländlichen Gebäuden gemeinsam sind – Holz, Erde und Stein. Und doch ist der Unterschied in ihrem äußeren Erscheinungsbild so groß wie ihre geographische Entfernung. Die Gestaltungsweisen ändern sich von Land zu Land, von Region zu Region und sogar von Dorf zu Dorf. In den Apfelhainen und Viehweiden der Normandie wird ein Dorf von niedrigen Langhäusern beherrscht, deren strohgedeckter First von einem Lilienkamm geschmückt wird, während im Nachbardorf auf Grund der örtlichen Bodenschätze behäbige Kalksteinhäuser mit dunklen Schieferdächern stehen. Vor der Verbreitung von billigem, in großen Men-

gen hergestelltem Baumaterial errichtete jede Gemeinde ihre Häuser mit dem, was greifbar war. Der ländliche Stil wurde von der Funktion und nicht von der Mode bestimmt.

Doch die wankelmütige Welt der Stile und Geschmäcke hat immer wieder vor dem kleinen Landhäuschen das Knie gebeugt. Bevor die französische Königin Marie-Antoinette im 17. Jahrhundert durch die Guillotine – eine Erfindung des Arztes Louis und benannt nach dem Arzt Guillotin, der das Fallbeil zur Durchführung der Todesstrafe vorschlug – enthauptet wurde, war sie vor dem Glamour des Versailler Schlosses in ihr Pseudo-Landhaus Le Hameau geflohen. William Morris' Verachtung für überfeinerten Prunk und ausschweifende Künstlichkeit löste die Kunstgewerbebewegung aus und führte zu einer neuen Wertschätzung von handgearbeiteten Möbeln und Einbauten.

LIEBE ZUM DETAIL

Die weichen Hölzer in Osteuropa können kunstvoll zugeschnitten und beschnitzt werden, wie dieses Gebäude in Tschechien zeigt (oben). In der Normandie hingegen verleiht das Fachwerk dem bäuerlichen Haus Gliederung und Zier (links).

Am Ende des 20. Jahrhunderts sind selbständige Handwerker wie Drechsler, Schreiner und Steinmetze wieder sehr gefragt. Viele äußere Kennzeichen des Landhausstils, etwa Fachwerkstrukturen, Giebelfenster, Walmdächer, Bauernküchen und -türen, sind heute unabdingbar bei der Gestaltung zahlreicher Landhäuser. Die Tradition des Cottage lebt weiter.

COTTAGE UND LANDSCHAFT

Warum unterscheidet sich ein Cottage in Cumbria (Region im Nordwesten Englands) mit seinem schwarzen Gestein und dem grünen Schieferdach so stark von einem einfachen südländischen Haus mit Wänden aus weißgetünchtem Feldstein und einem Dach aus römischen Ziegeln? Die Antwort liegt in der örtlichen Bautradition, die in jeder Region eine eigene Entwicklung genommen hat.

Die regional typischen volkstümlichen Bauten gehören zu den ersten architektonischen Bauformen, und ihre erprobten und über die Jahrhunderte bewährten Gestaltungskriterien können für den Bau manch eines Wolkenkratzers lehrreich sein. Auf der ganzen Welt haben Gebäude im traditionellen Baustil dem Zahn der Zeit getrotzt: rote Bauernhäuser mit römischen Ziegeldächern in Südfrankreich; riedgedeckte Holzhäuser in den Marschen der italienischen Region Caserta und die Holzhütten der Siedler an der Ostküste Amerikas.

Diese Gebäude spiegeln das Gestein, auf dem sie gebaut sind, wider. Sie fügen sich harmonisch in ihre Umgebung ein und haben unsere Vorstellung von landschaftsverträglichem Bauen geprägt. William Wordsworth hat einmal gesagt, daß es so aussähe, als seien sie gewachsen und nicht gebaut worden, als hätten sie sich aus eigenem Antrieb aus dem Gestein der Region erhoben. In seinen Augen liegt ihre Wildheit und Schönheit in dem Verzicht auf Formalitäten begründet.

Wordsworth denkt dabei an seine kumbrische Heimatkate, die sich in eine Aue des schroffen Moorlandes duckt. Aus ihrem Dach aus Westmoreland-Schiefer ragen zwei rundliche Kamine. Er hätte das gleiche über eine mit verwitterten vertikalen Balken verkleidete finnische Blockhütte sagen können, deren Veranda über ein weites Birkengehölz blickt. Die beiden Bilder sind ebenso aussagekräftig wie malerisch, denn bei jedem Gebäude wurde versucht, das Beste aus der regionalen Atmosphäre und der örtlichen Topographie zu machen.

TRADITIONELLE BAUKUNST

In der englischen Seenregion (rechts) verwendet man zerklüftetes kumbrisches Gestein zum Bau von Bauernhöfen und Cottages. Auf einem französischen Bauernhaus im Vallée du Var (oben links) prangt ein Dach aus römischen Ziegeln, ein tuile à canal. Wenn das Gestein der Region ungeeignet war, verwendete man Blech und Holz (Mitte links). Eine hübsche Hütte auf der Insel Grenada (unten links) erstrahlt in leuchtenden Farben.

MATERIALIEN DER REGION

VON HAND GEBAUT

Das steigende Interesse an boden-
ständigem Mobiliar, Einrichtungen
und typischen Merkmalen hat dazu
geführt, daß immer mehr alte Ge-
bäude gepflegt und erhalten wer-
den. Ein Beispiel ist dieses (oben)
Bauernhaus in Kennixton aus dem
17. Jahrhundert, das im Walisi-
schen Volksmuseum in Südwales
wiederaufgebaut wurde.
Der Baustil der traditionellen Häu-
ser war eine direkte Antwort auf
Klima und Gegebenheiten der
jeweiligen Region. Architekten
wurden damals nicht eingesetzt.
Diese verzierten Holzhäuser an
einer rumänischen Straße (unten)
sind ein Spiegel der örtlichen,
schmuckreichen Baukunst und
zeigen den sensiblen Einsatz von
Farben.

MATERIALWERT

Die Verfügbarkeit von billigem, in großen Mengen hergestelltem Baumaterial setzte der einheimischen Tradition, die hier durch die herrlichen bienenkorbförmigen Dächer auf diesem Bauernhaus in der Dordogne (oben) repräsentiert wird, ein Ende.

Neue Ideen und Materialien, wie die Giebelkamine und Schornsteinkappen auf dieser Kate auf den Hebriden (unten), drangen auch in ferne Gegenden vor. Häuschen wie diese werden im Innern zunehmend modernisiert, während man das Äußere, wie hier das Rieddach, unverändert beläßt.

ORIGINALGETREU RESTAURIEREN

◆ *Die Erkundung der Geschichte Ihres Häuschens kann sich sehr schwierig gestalten. Versuchen Sie, den ursprünglichen Grundriß des Hauses zu bestimmen. Zugemauerte Türöffnungen oder Überreste alter Türbögen geben wichtige Hinweise. Ist das Erdgeschoß aus Stein, das Obergeschoß aber eine Fachwerkkonstruktion, kann man vermuten, daß die erste Etage nachträglich aufgestockt wurde.*

◆ *Die meisten kleinen Häuser waren Heim und Arbeitsplatz zugleich. Der ursprüngliche Grundriß zeigt häufig die frühere Verwendung. Ein offenes Obergeschoß mit ungewöhnlich großen Fenstern kann auf eine Webstube hinweisen. Ein mit Planken ausgelegter Keller mit einem Abfluß in der Mitte ist vielleicht Zeuge des Wein- oder Bierlagers eines ehemaligen Gasthauses.*

◆ *Werfen Sie einen Blick auf das Baumaterial der Fassade. Handgemachte Ziegel sind von unregelmäßiger Form und Farbe, während römische Ziegel – die auch heute noch Verwendung finden – doppelt so lang und halb so dick wie gewöhnliche Ziegel sind. Prüfen Sie, ob Ziegelfassade, Verschalung oder Rohbewurf ältere Materialien verdecken.*

◆ *Wenngleich die meisten Dächer jedes Jahrhundert einmal ab- und neu eingedeckt werden, sind sie ein hilfreicher Schlüssel zur Ergründung der Vergangenheit. Untersuchen Sie den Speicher, wo das alte Holzgebälk noch vorhanden ist. Rauchgeschwärzte Balken weisen auf ein altes Hallengebäude hin, das bis zum Dach offen war.*

◆ *Schriftliche Aufzeichnungen über kleine ländliche Häuschen sind oft nur rudimentär vorhanden. Doch sind Gemeindearchive, alte Landkarten und Grundbücher ein guter Ausgangspunkt. Falls Ihr Heim einst als Arbeitsgebäude, etwa als Mühle, Bauernhof, Café oder Schmiede, diente, ist die Wahrscheinlichkeit einer schriftlichen Dokumentation größer.*

◆ *Jahressteine und Inschriften sind hilfreich, wenngleich sie eher beim Wiederaufbau als bei der Grundsteinlegung eines Häuschens entstanden. Auch der ursprüngliche Name des Cottage kann Ihnen bei der Suche nach der Vergangenheit gute Dienste leisten.*

HINWEISE AUF DIE VERGANGENHEIT

Einfahrtstor, Schieferdach und ein altmodischer Kamin, der noch aus der Zeit stammt, bevor Schornsteinkappen in Mode kamen, geben wichtige Hinweise auf das Alter dieses Cottage (gegenüberliegende Seite oben).

Beurteilen Sie ein Haus nie nach seinem Dach! Die starke Neigung des Lehmziegeldaches auf diesem ehemaligen Bauernhof in den französischen Zentralalpen läßt vermuten, daß es ehemals mit Stroh gedeckt war (links).

Der ursprüngliche Verwendungszweck eines Landhauses läßt sich häufig an besonderen Nebengebäuden ablesen. Ein Beispiel ist diese runde Hopfendarre und das danebenliegende Kühlhaus (gegenüberliegende Seite unten) im englischen Kent.

Erste Eindrücke

Der erste Blick auf ein Landhaus kann ein angenehmes Erlebnis sein. Frohe Erwartung steigt in einem Besucher auf, wenn er von einem alten Rosenstock, der sich anmutig um eine gemütliche Veranda rankt, von einer Glyzine, die sich zart um einen Giebeleingang schlingt, oder von Mauern in warmer Terrakotta-farbe begrüßt wird.

Landhäuser fügen sich in die Land-schaft ein, ohne dabei unauffällig und farblos zu sein. Sie erheben sich stolz über der Erde, die sehr oft Rahmen und Fassade entscheidend bestimmt. Solch traditionelle Ge-bäude bestehen oft schon seit Jahr-hunderten in ihrer ursprünglichen Form und sind zum unabdingbaren Be-standteil ihrer Umgebung geworden.

Trotz augenfälliger Gemeinsamkeiten sind keine zwei Landhäuschen je iden-tisch. Jedes wurde im Laufe langer Jahre von der Individualität seiner Be-wohner geprägt. Deshalb sollte man alle wesentlichen äußeren Merkmale – sowohl ursprüngliche Bestandteile als auch unschöne Ergänzungen – genau in Augenschein nehmen, bevor man eine behutsame Restauration angeht.

EIN SCHÜTZENDES STROHDACH

Ein leuchtendes Durcheinander von Wildblumen und Kräutern begrüßt den Besucher dieses englischen Landhauses in der Nähe von Sidbury in Dorset. Ein Ziegelgebäude wurde behutsam an das ältere, weißgetünchte Haus angebaut. Das wellige Rieddach verbindet die beiden Gebäudeteile zu einem harmonischen Ganzen.

Die Gestaltung des Eingangs

Wer sich einem friedvollen Landhaus nähert, das in ein duftendes Meer aus Stockrosen und Fingerhut eingebettet ist oder dessen leuchtendweiße Steinfassade einen reizvollen Gegensatz zu den schwarzbemalten Holzteilen bildet, fühlt sich in dem Eindruck bestärkt, daß das Landleben sauber, gesund und gut für die Seele ist.

Ein traditionelles Cottage liegt meist auf einem wettergeschützten Grundstück und hat damit gegenüber Wind und Wetter beste Voraussetzungen. Eine Hecke schützt den nach Süden gelegenen Küchengarten vor kalten Winden. Er liegt meist nahe beim Haus, um die Wege zwischen Kräuterbeet und Kochtopf zu verkürzen. Das gleiche gilt für den Brunnen, der nie weit entfernt von Haus und Zinkbadewanne zu finden ist.

Weissgetünchter Stein

Ein bemoostes Strohdach bildet einen reizvollen Kontrast zur Steinfassade dieses weißgetünchten Cottage. Strohgedeckte Häuser wurden früher nie mit Regenrinnen versehen. Statt dessen verwendete man eine Schicht aus schwarzem Teer, um die unteren Teile der Mauern vor Wasser zu schützen.

Früher waren alle Pfade reine Fußwege. Heute aber benötigt ein modernes Cottage eine Zufahrt. Wenn Bulldozerspuren den Heckenwall eines Landhauses durchbrechen, ist dies ein untrügliches Zeichen, daß ein altes Haus restauriert wird. Ein Fahrweg, der wie eine kleine Autobahn in Richtung Hauseingang führt, flößt Angst ein: Wird das alte Haus mit Gewalt ins zwanzigste Jahrhun-

dert befördert? Oder wird der Charakter des Gebäudes und seiner Einrichtung geschmackvoll bewahrt? Die Einfahrt zum Landhaus und der erste Eindruck, den diese beim Besucher hinterläßt, ist so wichtig für das gesamte Erscheinungsbild wie die sorgfältige und einfühlsame Auswahl von Möbeln und Inneneinrichtung.

WASSERDICHTE VERSCHALUNG

Gelbe Schwertlilien (oben) bewachen das Tor zu einem Wippelhaus aus dem 17. Jahrhundert, das in der Nähe von Ipswich, Massachusetts, steht. Das Holz für das Schindeldach und die Verschalung stammt ursprünglich aus den Wäldern der Umgebung.

DER WEG ZUM HAUS

V or dem Siegeszug des Autos lag das Cottage möglichst nahe an der Straße. Das Landhäuschen wandte der Verkehrs-
ader seine beste Seite zu, und die Besucher gelangten mit
einem Schritt vom Vorhof zum Eingang. Ein solch kurzer Weg war
zweckmäßig, da von der Apfelernte bis zum täglichen Eimer Wasser alles über die Schwelle befördert werden mußte. Als der
Durchgangsverkehr den Frieden zu stören begann, schlossen die
Bewohner die Vordertür und legten einen Weg zur Rückseite des
Hauses. So entstand der Hintereingang.

Da Obst und Blumen auf der Rückseite des Cottage gediehen,
glich die Freude über diesen Gartenpfad den kleinen Nachteil aus.
Flußgeröll, Schieferbruch, Steinplatten und Ziegel oder gestampfter Lehm wurden verwendet, um einen gewundenen Pfad durch
Blumenrabatten und Kräuterbeete zum Hintereingang zu legen.
Auf dem Grundstück selbst waren trockene Wege eher selten; Regenrinnen waren nur zum Teil oder gar nicht vorhanden. Um
trockenen Fußes zum Lehm- oder Wellergebäude zu gelangen,
waren gepflegte Kies- oder Sandwege zur Ableitung des Ober-
flächenwassers notwendig.

In den waldreichen Gegenden Skandinaviens und Nordamerikas
gelangte der Besucher über Bohlenwege zum Holzhäuschen. Der

GARTENWEGE

*Die beschlagene Eichentür in Hartland, Devon (oben links), paßt bestens
zum steinernen Eingang und den Schieferstufen, während ein Holzgiebel
schützend eine einfache Haustür überragt (oben rechts).*

*Die sanften Windungen dieses breiten, von Ästen überragten Ziegelpfades
führen zum Eingang (rechts). Alte, unregelmäßige Ziegel sind in Sand oder
Erde gebettet. Im Laufe der Zeit setzen sie sich und bilden eine natürliche
Wellenform.*

knarrende Weg bewahrte den Rock der Hausfrau vor Schnee und
Schlamm und kündete auch die herannahenden Besucher an. In
Südeuropa klapperten die Holzschuhe der Gäste über das Gestein
oder das Kopfsteinpflaster der Zugangswege zu der Terrasse oder
Veranda, wo sich im kühlenden Schatten das geräuschvolle Leben
der Mittelmeervölker abspielte.

DURCH DAS GARTENTOR

◆ Lockern Sie die harte Oberfläche eines eben erst restaurierten Anwesens durch Grünpflanzen auf. Die frisch getünchten Wände werden mit Spalieren versehen, an denen Kletterpflanzen wie Glyzinen und Weinreben emporranken. Einige rasch wachsende Kletterpflanzen, zum Beispiel Wilder Wein und Jungfernrebe, müssen im Herbst zurückgeschnitten werden, nachdem sie ihr prächtiges Farbenkleid abgeworfen haben.

◆ Duftende Kletterrosen, Jasmin und Clematis bieten einen herrlichen Anblick und verströmen einen betörenden Duft, wenn sie als Blütenbogen neben der Tür gepflanzt werden.

◆ Pflanzen Sie Sträucher nicht zu nahe bei Wasserrinnen und Senklöchern, da die Wurzeln häufig den Abfluß verstopfen und dadurch unerwünschte Feuchtzonen entstehen.

◆ In Pflanzkübeln wachsende Sträucher und Bäume bilden dekorative grüne Säulen entlang der Hauswand. Man darf allerdings das Gießen und Düngen nicht vergessen.

◆ Beim Anbau einer Veranda, Garage oder anderer Erweiterungen sollte, der grundlegende Charakter des Cottage bewahrt werden.

◆ Wählen Sie Abflußrinnen in neutralen Farben, oder besprühen Sie Kunststoffrohre mit dunkler oder grauer Farbe. Bringen Sie Rohrleitungen nicht gerade entlang der schönsten Seite des Gebäudes an oder verlegen sie diese unterirdisch.

◆ *Je nach Qualität des Empfangs können Antennen vom Dach entfernt und im Speicher angebracht werden.*

◆ *Brennstoffbehälter, wie Öl- oder Gastanks, müssen nah beim Haus und für Lieferanten gut erreichbar sein. Wählen Sie einen möglichst unauffälligen Platz, der sich mit Weidengeflecht oder bepflanzten Spalieren tarnen läßt. Als Spaliergewächse eignen sich immergrüne Pflanzen wie Philodendron oder Efeu.*

◆ *Als Sichtschutz sollten Sie auf immergrüne Bäume verzichten, da diese im Laufe der Zeit zu einer Lichtbarriere heranwachsen.*

Eine blühende Begrüssung

Alte, in zartem Pastellblau gehaltene Fensterläden (gegenüberliegende Seite oben) bilden einen reizvollen Kontrast zu den terrakottafarbenen Wänden und dem großzügigen Pflanzenbewuchs dieses Landhauses in Südfrankreich.
Das reizende, einladende Steinhäuschen (gegenüberliegende Seite unten) versteckt sich am Ende eines mit traditionellen Gartenpflanzen bestandenen Wegs.
Ein von Fingerhut und herrlichen Kletterrosen überwucherter Garten (rechts oben) bildet einen vollkommenen Eingang zu diesem Landhaus.
Dieses englische Halbfachwerkhaus (rechts unten) ist jeden Sommer reich mit Glyzinen bewachsen.

BEMALTE FASSADEN

Landhäuser haben der Außenwelt schon früh ein bemaltes Gesicht zugewandt, um sich zum einen vom Grün der Landschaft abzuheben und um andererseits vor den Einflüssen der Witterung geschützt zu sein.

Am verbreitetsten war eine Tünche aus Kalkstaub, Leim und Milch, die manchmal auf die Vorderseite und die Hauseingänge beschränkt blieb. Aber schon im Mittelalter waren auch Erdfarben in ganz Europa verbreitet. Leuchtende Gelbtöne, gebrannte Umbra- und Ockerschattierungen wurden aus den Materialien der Region gewonnen, und ganze Dörfer waren ein Spiegel der regionalen Farben. Im südfranzösischen Rustrel wurden die Häuser mit dem roten Pigment des umliegenden Gesteins gestrichen, während man die Wohnstätten im ostenglischen Saffron Walden mit der Farbe des hier wachsenden Safrankrokusses tünchte.

Fensterrahmen wurden gern mit Bleiweißfarben behandelt, wohingegen man freiliegende Balken aus weichem Holz mit schwarzen und dunkelblauen Farben schützte. In Mittelengland wurde Eichenholz meist mit blauer, brauner oder schwarzer Farbe gestrichen. Doch diese Sitte hatte eher dekorative als praktische Gründe, da das natürliche Silbergrau der Eiche im Laufe der Zeit Rosttöne annahm und langlebiger war als das umgebende mit Lehm beworfene Flechtwerk.

Angesichts der breiten Palette an Farbtönen ist die Auswahl des Außenanstrichs heutzutage kaum eine Frage der verfügbaren Farben, sondern eher abhängig von den Lichtverhältnissen. Die verwaschenen Rosa- und Gelbtöne eines Fischerdorfes am Mittelmeer harmonieren bestens mit dem harten, hellen Morgenlicht der Wintertage. Zu den honiggelben Kalksteinhäusern der französischen Dordogne oder der englischen Cotswolds würden diese Farben jedoch nicht passen.

Lassen Sie sich vom Alter Ihres Häuschens und der örtlichen Tradition leiten. In der Provinz Labourd im Baskenland werden die roten Paprikaschoten immer noch auf Fäden gezogen und an der sonnigen Hauswand getrocknet. Hier bilden in leuchtendem Rot oder Grün gehaltene Holzteile einen zusätzlich faszinierenden Blickfang vor dem strahlend weißen Verputz der Wände. In Westirland tünchen die Bewohner das Erdgeschoß gern mit gelber oder roter Farbe und den ersten Stock in Weiß. Dazu kontrastieren limonengrüne Türen und Fenster.

Probieren Sie verschiedene Farben aus, am besten auf einem Aufriß des Häuschens, den Sie von einem großen Foto gezogen haben. Sie sollten beim Kauf darauf achten, daß die gewählte Farbe luftdurchlässig ist, damit die Steine oder Ziegel atmen können. Bei

holzverschalten Gebäuden kann man den Wandanstrich an Türen, Fenstern und Fensterläden wiederholen. Bei Stein und Ziegel sind Gegensätze, wie beispielsweise rote Fenster und Türrahmen, wirkungsvoll. Bei weißgekalkten Wänden haben schwarze Rahmen einen besonderen Reiz.

Fassadenornamente sind bei den unprätentiösen Landhäusern selten. Ungewöhnliche, noch erhaltene Details, wie es beispielsweise Jahressteine, Schnitzereien oder Wandgemälde sind, sollten auf jeden Fall bewahrt werden.

EIN HARMONISCHES PAAR

Im allgemeinen gilt die Regel: je kleiner die Fenster, desto älter das Haus. Diese zwei Fenster (gegenüberliegende Seite oben) werden von der tiefen Dachtraufe geschützt. Das Häuschen selbst besteht aus Lehm und ist mit Stroh gedeckt.

LEICHTE NEIGUNG

Bei Blockhütten wurden die Fenster nicht bereits beim Bau eingearbeitet (gegenüberliegende Seite unten). Fenster- und Türöffnungen wurden nachträglich ausgesägt. Dies erklärt die asymmetrische Form dieses Fensterpaares in einem Holzhaus.

KLASSISCH FRANZÖSISCHER STIL

Das typische Mittelmeerfenster ist schmal, tief und von alten Holzläden geschützt. Hier (links oben) hebt sich die rosa Fenstereinfassung vom Weiß der Wände ab. Ein Blumenkasten mit Petunien vervollständigt das Bild.

SCHWEIZER WANDMALEREI

Dieses Fenster ist tief in die Mauer des Engadiner Hauses eingelassen (links unten) und wird von Wandmalereien eingerahmt. Solch seltene Details, die man eigentlich nur in Mitteleuropa und den Gebirgsregionen findet, sollten bewahrt und erhalten bleiben.

DER GEEIGNETE RAHMEN

Bis zum 19. Jahrhundert hatten die Menschen nur stabile Holzläden, um die Sonnenseiten des Wetters hereinzulassen und die Schattenseiten auszusperren. Das Geklapper von kleinen Holztüren, geöffnet oder geschlossen, klingt seit Jahrhunderten morgens und abends über den Kontinent.

Die ersten Läden bestanden aus freistehenden Holzrahmen, die bei Sonnenuntergang in das Fenster gestellt wurden. Im 18. Jahrhundert hängte man sie dann in Metallstifte ein, die in der Wand angebracht waren. Schlitze ermöglichten den Luftaustausch. Vor allem in den Alpenregionen versah man die Läden gern mit einem dekorativen Guckloch in Form eines Tannenbaums.

Im 19. Jahrhundert schlossen sich die meisten Läden dann über Glasfenstern. Anfangs war Glas für den gewöhnlichen Bewohner des Cottage zu teuer. Diejenigen, die sich Scheiben an ihren »Windlöchern« leisten konnten, betrachteten sie als Möbelstücke und nahmen sie beim Umzug mit. Obwohl schon die Römer Glas herstellten, trotzten die meisten Fenster mit allen möglichen anderen Materialien den Elementen: dünne Schichten aus hellem Horn, Alabaster, geöltes Papier und sogar die Plazenta von Rindern und Pferden fanden Verwendung.

Als dann günstiges Glas auf den Markt kam, wurde es in kleine Rauten geschnitten und in Blei gefaßt, wie man dies noch bei vielen Kirchenfenstern sieht. Das billigere Walzglas führte zur Entwicklung der niederländischen Schiebefenster, die sich am Anfang des 19. Jahrhunderts über ganz Europa ausbreiteten. Bei niedrigen Häuschen mit zwei winzigen Fenstern unter der Traufe setzte sich horizontales Schiebeglas durch. Ein Jahrhundert später waren gußeiserne Fensterflügel beliebt, die dann von modernen Holzflügeln abgelöst wurden.

Alte Hopfendarren, Bootshäuser, Werkstätten, Kuhställe und Heuschuppen wurden vielfach in Wohnhäuschen umgewandelt. Viele haben typische Fenster, die von ihrer Vergangenheit zeugen. Ein gutes Beispiel sind Giebelöffnungen, durch die die Heuvorräte für den Winter in die alte Scheune geschafft wurden. Kleine ovale oder halbrunde Öffnungen unter der Traufe dienten der Luftzirkulation im Speicher.

Fenster und ähnliche Luken sind die Augen des Hauses. Wenn man sie gegen Glasfenster im georgianischen Stil oder gegen Aluminiumrahmen austauscht, ist dies so, als würde man die Wiese hinter dem Haus durch einen Kunstrasen ersetzen. Wer maßgefertigte Fenster im ursprünglichen Stil einsetzt und die Innenseite behutsam anpaßt, kann das alte Gesicht des Cottage bewahren, anstatt es zu zerstören.

Es gilt die Faustregel, daß die Fenster um so kleiner sind, je älter das Haus ist. Winzige Fenster schränken sowohl den Lichteinfall als auch die Aussicht ein. Ein konventionelles viergeteiltes Fenster kann durch einen tieferen neun- oder zwölfteiligen Rahmen ersetzt, der Wärmeverlust durch eine Doppelverglasung oder durch zusätzliche Fensterläden gemindert werden.

Alte Fenster bestehen häufig aus wertvollem Hartholz. Ihr Leben kann verlängert werden, indem man die morschen Teile – meist am Fensterbrett – durch neues Holz ersetzt und die reparierte Stelle streicht. Neue Holzflügel müssen gestrichen oder – will man die Arbeit nicht regelmäßig wiederholen – gebeizt werden. Am besten wählt man für Rahmen und Fensterbrett weiße oder helle Farbe, da dunkle Farben der Wirkung des Fensters, vor allem bei schattigen Steinhäusern, abträglich sind. Auch im Innern machen diese Farben den Raum heller. Flügeltüren, die auf eine Terrasse oder in den Garten führen, machen einen Raum größer und lichtdurchfluteter. Bei schönem Wetter kann man sie während des Tages offen lassen, um den Luftaustausch zu fördern. Auf der Innenseite kann man einen dichten Vorhang oder einen alten Spitzenstore aufhängen. Rolläden wirken hier zu schroff.

EINFACH UND BODENSTÄNDIG

Dieses kleine, aber schöne Fenster sitzt in einer gekalkten Wand unter einem Dach aus Holzschindeln. Metallwinkel gewähren Haltbarkeit beim Öffnen und verlängern die Lebenserwartung der alten Fensterflügel.

FENSTERLÄDEN

◆ Fensterläden sind ein wichtiges Detail. Sie zeigen die ästhetische und die praktische Seite traditioneller Bautechnik.

◆ Die Metallhaken, an denen die Fenster eingehängt sind, stellen Schwachpunkte in der Konstruktion dar und müssen von Zeit zu Zeit erneuert werden.

◆ Alte Metallgriffe, Haken oder Riegel können wiederverwendet werden. Oft stellen sie ungewöhnliche Formen dar, zum Beispiel eine geballte Faust oder eine offene Hand. Man reinigt diese Metallteile mit einem Sandstrahler oder einer Drahtbürste und streicht sie anschließend mit einer schützenden Metallfarbe.

◆ Fensterläden aus Holz müssen von Zeit zu Zeit gestrichen werden. Man schleift die alte Farbe ab, reinigt das Holz mit Spiritus und trägt eine neue Farbschicht auf. Moderne Beizen und luftdurchlässige Farben, die das Holz atmen lassen, eignen sich besonders für neue Weichhölzer.

◆ Lamellierte Außenläden mit Verzierungen passen häufig nicht zu Landhäusern in nördlichen Regionen. In kälteren Gegenden sollten sie lieber im Innern des Hauses angebracht werden.

DAS OFFENE HAUS

Wanduhr und Fensterläden (oben links) sind typisch für Alpendörfer. Die getäfelten und mit Luftschlitzen versehenen Läden an diesen Hauswänden (links außen, links und rechte Seite) lassen Licht und frische Luft ins Innere.

TÜREN

Die Tür ist ein wesentliches Fassadenelement jedes Hauses. Sie sticht den Besuchern sofort ins Auge und ist, egal ob sie den Türklopfer betätigen oder die Klinke drücken, das Element, mit dem sie zuerst in Berührung kommen. Auch hier gilt, daß der erste Eindruck von maßgeblicher Bedeutung ist.

Im 18. Jahrhundert waren die Türen noch so klein, daß sich selbst ein Jugendlicher beim Eintreten bücken mußte. Die kleinen, aber schweren Holztüren waren mit Angeln im Türrahmen befestigt und mit verzierten Metallriegeln versehen. Nach der Erfindung des Steckschlosses waren manche auch mit einem Schloß ausgestattet. Wie heute der Anblick einer Alarmanlage zu der Vermutung Anlaß gibt, daß in einem Haus Wertgegenstände zu holen sind, so ließ ein Schloß annehmen, daß das Landhäuschen Schätze barg. Da dies aber selten der Fall war, blieb das Schloß bis zum 19. Jahrhundert mehr ein Symbol des sozialen Standes als eine Sicherung des Hauses.

Im 19. Jahrhundert setzten sich die in Massenfertigung hergestellten Paneeltüren durch und verdrängten die soliden alten Holztüren, die fortan im Schuppen oder als Teil der Bettstatt Verwendung fanden. Die zweiteilige Tür und die Gitter- oder Stalltür erlitten das gleiche Schicksal. Letztere war im Gegensatz zu ersterer horizontal unterteilt. Sie ließ Licht und Luft in die Küche und verwehrte gleichzeitig herumlaufenden Hühnern und dem Hofhund den Eintritt. Bei vielen renovierten Landhäusern sind diese alten Türen wieder sehr beliebt.

Außentüren sollten heute aus Hartholz hergestellt und mit Türgriffen und -klopfern aus gestrichenem Gußeisen anstatt aus Messing oder Aluminium versehen sein. In manchen Fällen ist eine reparierte Tür besser als eine brandneue, die häufig wenig stabil, teuer oder beides ist. Bei einer alten Tür zeigen sich die ersten Abnutzungserscheinungen an den unteren Holzteilen. Diese lassen sich durch das Einfügen von gesunden Partien leicht reparieren.

In den ländlichen Gegenden Europas wurde der Türrahmen häufig mit weißer Farbe gestrichen. Auf diese Weise fanden die Bewohner in dunklen mondlosen Nächten leichter in ihre Behausung. Wenn die Tür- und Fensterrahmen weiß getüncht sind, kann man die Tür selbst in einer leuchtenden Kontrastfarbe streichen.

ESELSRÜCKEN

Bei alten Landhäusern beschränkte sich die Verzierung häufig auf einen einfachen Türbogen (gegenüberliegende Seite links). Vier nachträglich eingesetzte Fensterscheiben erhellen die Diele.

EINE GRAUE SCHIEFERFASSADE

Die einfache Paneeltür dieses Cottage in Wales (gegenüberliegende Seite rechts) wird von einer Schieferfassade umgeben. Schiefer und Ziegel bilden eine wetterfeste Fassade für Westwände.

KELTISCHE SITTEN

An der Westküste Europas ließ man den Graniteingang häufig ungetüncht und lenkte so den Blick des Beschauers direkt auf die bemalte Eingangstür (links),

VORBAUTEN UND VERANDEN

Eine Südterrasse, ein Innenhof oder eine Veranda ist ebenso wichtig für die Hausbewohner wie ein schattiger Vorbau nach Norden. Die britischen Kolonialherren führten einst die Veranden ein, um den Aufenthalt im Freien zu genießen, ohne der gleißenden Sonne oder der sengenden Hitze ausgesetzt zu sein. Auch die amerikanischen Siedler übernahmen die Veranda, da ein großzügiger Holzanbau die Wohnfläche des klassischen Landhauses verdoppelte. Im Gegensatz zu den Spaniern, die die maurische Abgeschiedenheit eines Innenhofes schätzten, beobachteten die amerikanischen Siedler – wie schon ihre skandinavischen Vorväter – von ihrer Veranda aus gern das Treiben auf der Straße.

Die Veranda war schon immer ein wesentlicher Bestandteil des Hauses. Oft wird sie von einem Schindeldach geschützt und von einem mit Efeu überrankten Geländer umgrenzt. Der Nordvorbau hingegen wurde häufig nachträglich ergänzt. Auch in den trostlosesten, windigsten Regionen Westenglands tauchten diese Anbauten erst am Ende des 16. Jahrhunderts auf.

Bei größeren Landhäusern und Bauernhöfen ist die Veranda bisweilen zweistöckig, wobei das Obergeschoß eine Speisekammer oder eine Kammer beherbergt und von einem Erkerfenster erhellt wird. Bei kleineren, eingeschossigen Katen, wie dem Granitlanghaus in Devon, hatte die Veranda etwa die Breite eines Ochsen. Seitenwände schützten vor Zugluft. An der Ostwand war oft eine Stein- oder Schieferbank angebracht, auf der man die Nachmittagssonne genießen konnte.

In der Mitte zwischen Norden und Süden, in den feuchteren Gegenden an der Westküste Frankreichs, Großbritanniens und

Irlands, entschied man sich für einen einfachen Vorbau über dem Eingang. Dieser bestand aus Holz und Stroh oder aus einem bewachsenen Spalier unter einem Blei- oder Schieferdach. Ende des 19. Jahrhunderts war ein Vorbau aus Glas und Schmiedeeisen in der Bretagne sehr beliebt. Die gleiche Konstruktion verwendete man auch über den Grabsteinen auf dem Dorffriedhof.

Heutzutage erreicht man das Innere eines Häuschens über die Diele. Im Mittelalter war dieser Hausbereich der Hauptraum des Gebäudes, wo die Bewohner lebten, aßen und schliefen, während man den vor Zugluft geschützten inneren Raum zwischen Tür und Diele als »Veranda« bezeichnete. In den traditionellen Langhäusern verlief ein Flur von der Vorder- zur Hintertür und trennte Mensch und Tier voneinander. Später wurde dieser Flur abgetrennt und diente zur Aufbewahrung von Wetterkleidung und Galoschen.

SCHATTEN UND SCHUTZ

Eine breite, wasserfeste, überdachte Holzterrasse bietet zusätzlichen Wohn- und Nutzraum (gegenüberliegende Seite).

Glyzinen und ein einfacher Vorbau zieren die Fassade dieses Ziegel- und Feldsteinhäuschens (ganz oben links).

Die Materialien, die für diesen nachträglich entstandenen Vorbau verwendet wurden, lehnen sich eng an die ursprüngliche Gestaltung des Halb-Holzhauses aus Holzrahmen und Ziegeleinsatz an (oben links).

Die L-Form dieses amerikanischen holzverschalten Hauses eignet sich bestens für eine offene Veranda, auf der man sitzen, essen und sich entspannen kann (oben rechts).

FLURE

Ein nach Norden oder Westen gelegener Flur weist erhebliche Nachteile auf, denn er läßt bei jedem Öffnen der Tür das Wetter herein, und die Wärme geht hinaus. Bei Südfluren hingegen steht die Haustür an sonnigen Tagen häufig offen. Da alle Ein- und Ausgehenden den Flur passieren müssen, sollte er hell, strapazierfähig und geräumig sein.

Bei Platzmangel und wenn der Flur nur ein Zugeständnis an längst vergessene Konventionen war, kann man auf diesen Raum völlig verzichten. In nördlichen Regionen reicht auch ein wetterfester Vorbau, während sich im warmen Süden eine offene Spalierveranda bewährt.

Natürliches Tageslicht ist die beste Beleuchtung für einen Flur. Wenn kein Fenster vorhanden ist, kann man eine halbverglaste Tür wählen. Hier schützt eine dünne Gardine vor neugierigen Blicken. Eine andere Möglichkeit ist der Einbau einer Lünette über der Tür.

Strapazierfähige Böden, wie Kacheln, Steinfliesen oder Holzbretter, sind einem Teppichboden vorzuziehen, da man im Winter unweigerlich Schmutz ins Haus trägt. Die Wände im Flur erleiden die meisten Kratzer und Schmutzspuren. Abwaschbare Tapeten bieten hier etwas Schutz. Um einen düsteren Eindruck zu vermeiden, sollte man dennoch helle Farben wählen.

WILLKOMMEN
ZU HAUSE

Der Blick auf die oberen Räume, die Sicht auf die Hügel der Toskana und ein einladender Früchtekorb verleihen diesem Bauernhaus eine warme und ausgesprochen gastfreundliche Atmosphäre (gegenüberliegende Seite).

Die hellen Farben im Flur dieses umbrischen Bauernhauses (links) setzen sich in der Decke fort und reflektieren das Tageslicht, das durch das Fenster hereinflutet. Einfache Ornamente, ein hübscher kleiner Tisch mit Stuhl und ein interessantes Fries verleihen dem zweckmäßigen Raum seinen Reiz.

Einfache Steinfliesen, getünchte Wände und blanke Dachbalken bilden den Hintergrund zu der alten, auffallend bemalten, vertikal unterteilten Tür, die tief in die Wand eingelassen ist (oben).

FLURMÖBEL

EINLADENDES ENTREE

Der Übergang aus dem Freien in das Innere des Hauses sollte behaglich und einladend sein: Wenn der Besucher durch die stallartige Tür in das mit einem Holzboden ausgelegte polnische Haus tritt (rechts), empfängt ihn eine freundliche Atmosphäre, die durch die bunt leuchtenden Läufer und die warme rote Wandbemalung entsteht.

Dieses griechische Cottage (links oben, außen) empfängt den Gast mit angenehmer Kühle. Der niedrige Türrahmen ist typisch für alte Landhäuser, die zu einer Zeit entstanden, als die Menschen noch viel kleiner waren.

Ein skandinavischer Flur wird durch geometrisch angeordnete Wandmalereien und eine schwungvolle Bodengestaltung geziert (links oben).

Solch weiße Eingänge (links unten, außen), die möglichst viel Licht in einem sonst düsteren Flur reflektieren, eignen sich für jedes Klima. Mit Kleiderhaken im Shaker-Stil und ein paar interessanten Kleiderbügeln kann man in einem äußerst spartanischen Rahmen einen einladenden Flur schaffen.

Ein sparsam eingerichteter gefliester Flur erwartet den Gast dieses griechischen Häuschens (links unten). Der Raum wird lediglich durch einen geflochtenen Schaukelstuhl, ein Tongefäß und eine einfache schwarze Tür mit einer schlichten Granitumrahmung verschönt.

FUSSBÖDEN

Vor einem Jahrhundert bewegte sich der Besucher der Kate entweder auf einem polierten, glänzenden Boden aus gestampfter Erde oder auf gebleichten Holzbrettern. Der Boden erhielt eine feste und strapazierfähige Oberfläche, indem man die örtliche Erde – am besten guten Lehm – mit Magermilch oder gar Ochsenblut vermischte. Anschließend wurde er mit Holzbrettern geglättet. In Irland lud man die Nachbarn zum Tanz, um auf diese Weise die Oberfläche festzustampfen. Diese Lehmböden waren meist staubig und wurden vielfach mit Binsen belegt. In Norwegen legte man mit Wasser befeuchtete Wacholderzweige aus. Gelegentlich verstärkte man den Lehmboden durch den Einsatz von Tierknochen, wodurch ein eigenartiger, pflasterähnlicher Belag entstand.

Vor dem 19. Jahrhundert waren gute Holzböden in den einfachen Katen recht selten, da es kaum Möglichkeiten gab, sie vor den Folgen langjähriger Beanspruchung und vor Nagelschuhen zu schützen.

In Norwegen wurden die Bodenbretter mit feuchtem Sand gescheuert, bis sie die Farbe von gebleichtem Strandgut annahmen. Man kann diese Wirkung einfacher erzielen, indem man die Nagelköpfe einschlägt, die Bohlen sandstrahlt, mit Spiritus reinigt und das Holz dann bleicht und wachst. In Amerika wurden die Bretter gern gestrichen, während die Engländer das Holz unbehandelt ließen und die am meisten beanspruchten Stellen mit Läufern und Teppichen zudeckten. Als Anstrich für Bodenbretter sollte man Spezialfarben verwenden und auf einen hellen Untergrund vielleicht schablonierte Muster anbringen. Bei polierten Böden lohnt sich die Anschaffung eines Poliergerätes. Zuerst bringt man zwei- bis dreimal eine Mischung aus Wachs und Leinsamenöl auf dem sauberen Holz an. Dann wachst man den Boden je nach Beanspruchung etwa zweimal im Monat und bearbeitet die Oberfläche mit dem Poliergerät. Im 20. Jahrhundert ging man dazu über, Holz zu lackieren. Dies ist jedoch für stark beanspruchte Flächen wie Flure ungeeignet, da der Lack abspringt oder abgerieben wird.

Wenn der ursprüngliche Flurboden fehlt, eignen sich Steinfliesen oder Terrakotta-Fliesen als strapazierfähiger und vernünftiger Bodenbelag. Das darunterliegende Erdreich muß abgetragen und mit einer wasserundurchlässigen Membran ausgelegt werden. Auf einer Unterschicht aus Beton bringt man dann den eigentlichen Bodenbelag an. Solche Böden sind leicht zu reinigen und zu pflegen und einem Teppichboden auf jeden Fall vorzuziehen. Ein Webteppich oder Läufer kann dem Boden noch zusätzlichen Reiz verleihen.

Quadersteine bilden den festen und soliden Boden dieses Bauernhauses (ganz oben). Einst wurden in jeder Region andere Steinfliesen hergestellt. Doch dann verdrängte die viktorianische Massenware die alten Dorfwerkstätten.

In manchen Ländern verlangen sture Bauvorschriften, daß uralte unbehauene Steinböden wie dieser (oben) durch langweiligen Beton ersetzt werden. Wenngleich es schwierig ist, die Steinschicht abzuheben und über einer wasserundurchlässigen Membran neu zu verlegen, ist das Ergebnis doch die Mühe wert.

Die gewachsten und leicht polierten Bodenbretter (rechts) verleihen dem Flur einen warmen Glanz. Gebrauchte Bretter, die man von Nägeln befreit und sandstrahlt, sind den häufig teureren neuen Brettern vorzuziehen.

KAPITEL 2

Das Herz des Hauses

*Die Landhausküche war schon im-
mer das traditionelle Herz des Hauses. Vor einigen Jahrhunderten war
sie der Ort, an dem die Aufgaben
des Tages während des Frühstücks
besprochen wurden, wo die Famili-
en und Arbeiter ihre Mahlzeiten
einnahmen und wo sich abends die
Bewohner am Herdfeuer versam-
melten, um die Ereignisse des Tages
zu besprechen.*

*Nach einer Phase in den 50er Jah-
ren, als die Küche weniger galt als
das formellere Wohnzimmer, hat
sich die klassische Landhausküche
dank ihrer natürlichen Materialien,
ihrer Geräumigkeit und ihrer
zwanglosen Atmosphäre ihren Platz in der allgemeinen Gunst zurückerobert. Aber die Küche mußte sich auf die modernen, arbeitssparenden Geräte, wie Waschmaschine, Mikrowelle, Kühlschrank und Einbauherd, einstel-
len. All diese sperrigen Erfindungen drohten den ursprünglichen Charakter
der Küchen zu zerstören und sie in sterile Stahl- und Plastikeinheiten zu verwandeln, in denen alles auf Knopfdruck funktioniert. Doch das muß nicht
der Fall sein. Kluge Planung und ideenreicher Einsatz von Schrankflächen,
hinter denen sich Küchengeräte verbergen, kann zur Herstellung einer
zwanglosen Atmosphäre im Herzen des Hauses beitragen.*

GRÜNLICHES HOLZ
*Phantasievoll bemalte Schränke, alle an einer Wand angeordnet,
machen diesen Raum zu einer bequemen Arbeitsküche, in der sich das ganze
Familienleben abspielt.*

ARBEITSKÜCHEN

Die Landhausküche erscheint oft zwischen Zweckmäßigkeit und Konvention hin- und hergerissen. Zeitlose Erfordernisse waren eine zuverlässige Wärmequelle, Wasser und ausreichender Stauraum, während die zweckmäßigen Bestandteile sich mit der technischen Entwicklung und mit der »Mode« änderten. Der gegenwärtige Trend zur schnellen Küche und zu geruchsfreien Kochnischen vergöttert die Zweckmäßigkeit und verteufelt die Konvention. Doch jetzt machen die eine Zeitlang üblichen sterilen Einbauküchen allmählich freistehenden, bemalten Anrichten und Regalen Platz. Mikrowellen verstecken sich in bemalten Schränken, und Herde, Spül- und Waschmaschinen verschwinden hinter Holztüren. Mehr Gemütlichkeit kehrt ein.

Im Mittelalter war die Landhausküche Arbeits- und Wohnraum zugleich. Der Raum war überfüllt und unbequem. Nachdem arbeitssparende Geräte die Küchenarbeit heute erheblich erleichtern,

wird die Küche wieder zum Herzen des Landhauses, zu einem Ort, an dem die Menschen zusammenkommen, essen und leben. Hier gibt es genügend Platz für Tische und Stühle und ausreichend Arbeitsfläche für die Zubereitung der Mahlzeiten.

Die ehemalige Kaminecke ist der ideale Platz für den Herd, auf dem Wasser und Speisen gekocht werden und der als Wärmequelle für die Küche dient. Man kann auch einen Einbauherd, getrennt vom Kamineinsatz, zwischen Spüle und Kühlschrank stellen. Dadurch entstehen eine nützliche Arbeitsfläche und Platz für Schränke. Um das Einheitsaussehen einer neuen Küche etwas abzuwandeln, kann man die Holzteile mit verschiedenen Farben bemalen oder schablonisieren und die Griffe auswechseln. Man kann auch einen örtlichen Schreiner mit der Herstellung eines Schrankgerüsts beauftragen, das den jeweiligen Bedürfnissen und Maßen entspricht. Die Türen werden dann selbst aus alten Holz-

teilen ergänzt und passend zur schönen, alten Anrichte oder zum Ruheplatz gebeizt oder gestrichen.

Bei vielen alten Landhausküchen wurde eine Wand herausgerissen, um eine großzügige Wohnküche zu schaffen. In der ehemaligen Kammer oder Meierei entstanden Zweckräume, die Gefriertruhe und Waschmaschine – nützliche, aber geräuschvolle Geräte – beherbergen.

Küchentisch, Stühle und Arbeitsfläche sollten zum ursprünglichen Raum passen. Wählen Sie Oberflächen aus natürlichen Materialien wie Schiefer, Stein, Marmor oder Holz, und umgeben Sie deren Rückwand mit einem Fries aus handgefertigten Fliesen. Darüber kann man dann eine bunte Regalreihe aus Holzresten anbringen. Der perfekte Eindruck einer Einbauküche sollte vermieden werden. Statt dessen eignet sich eine Mischung aus natürlichen Stoffen und Materialien: Ein irdener, mit Holzlöffeln und Nudelhölzern

HERD UND HEIM

In dieser südeuropäischen Küche tun das ursprüngliche Kaminfeuer und der gemauerte Rauchfang immer noch ihre Dienste (gegenüberliegende Seite).

Der stabile alte Tisch steht in dieser Küche an prominenter Stelle. Der Herd wurde in der ehemaligen Kaminecke untergebracht (oben).

gefüllter Krug steht neben einem Brottopf und einem Körbchen mit Früchten und Gemüse. Alte Kupferpfannen und Küchenwerkzeuge hängen von ehemaligen Metzgerhaken herab. Wer Küchenmaschine und Entsafter in einem alten Kuchenschränkchen oder auf dem unteren Bord der Anrichte aufbewahrt, läßt eine harmonische Arbeitsatmosphäre entstehen.

KÜCHENGESTALTUNG

KÜCHENPLANUNG

Offene Vorratsregale, Eßplatz und Arbeitsraum für die Zubereitung der Mahlzeiten sind wesentliche Bestandteile einer gut funktionierenden Landhausküche.

◆ *Die Küche ist der Raum mit der größten Betriebsamkeit im Haus und braucht möglichst viel Platz. Die üblichen Erfordernisse – Platz für die Aufbewahrung, Vor- und Zubereitung der Speisen – sollten so erfüllt werden, daß die Küchenarbeit nicht zur Mühsal wird.*

◆ *Eine altmodische Keramikspüle ist leicht zu installieren. Zwischen den stützenden Ziegelträgern entsteht wertvoller Stauraum. Bringen Sie die Spüle unter einem Fenster an und schaffen Sie großzügige, offene Arbeitsflächen, die nicht von Hängekästchen verstellt sind.*

◆ *Alte Schränke können mit renovierten Türen ausgestattet werden, um der Küche einen bewohnten Eindruck zu verleihen. Auf diesem unterschiedlich hohen Mobiliar werden Arbeitsflächen aus Stein, Marmor, Schiefer oder Holz angebracht.*

◆ *Der alte Herd, der das Haus wärmt und gleichzeitig als Kochstelle dient, ist ein wichtiger Teil jeder Küche. Wenn diese ursprüngliche Feuerstelle durch einen Elektro- oder Gasherd ersetzt wurde, bildet ein kleiner Holzofen, auf dem man eine wärmende Suppe oder einen Eintopf kocht, eine nützliche Ergänzung.*

STAURAUM IN DER KÜCHE

Vor der industriellen Revolution war die Kate eine Miniaturfabrik, in der von Uhrwerken bis zu Keramiktöpfen, von Bierfässern bis zu Stuhlbeinen alles hergestellt wurde. Die Bauernfamilie bearbeitete das Land ihres Herrn. Doch gleichzeitig webte sie auch Tuch und flocht Weidenkörbe, bearbeitete Leder und drehte Kerzen. Die Menschen hatten das Bedürfnis, die Materialien ihrer natürlichen Umgebung zu verarbeiten und verdienten sich dadurch ein kleines Zubrot. Die Mischwirtschaft war unabdingbar für das Landleben, und die kleine Kate diente als Zuhause und als Werkstatt.

Viele schafften sich in der Küche Platz für ihr Handwerk, sie schliefen im Nebenraum inmitten von Hanf- und Wollvorräten. Die Küche bestand aus einem Durcheinander von Spinnrad und Arbeitsgeräten, Flinte und Messingmörser, Küchentisch, Bänken und Polsterstühlen, Pfannen, Bratrosten und Kerzenständern. Von den Dachbalken hingen Drähte, Haken, Nägel, Regale und Gestelle, wo die Bewohner Lebensmittel, Kleider und Gerätschaften ordentlich verstauten. In dieses Sammelsurium gehörten ein scharfes Messer, mit dem man zusammengebackene Brotlaibe trennte; ein Blechschöpfer, mit dem man das Kräutersäckchen aus der Suppe fischte; ein Gestell mit Spießen über dem Kamin und eine Sammlung von Eimern und Gefäßen, die neben einer geräucherten Speckseite aufgehängt waren. Auch in einer modernen Landhausküche hängen die Trockengestelle und Haken immer noch von der Decke und eignen sich zum Befestigen von Trockenblumen und Kochgeschirren, Lavendelsträußen und Knoblauchzöpfen. Um eine Landhausatmosphäre zu schaffen, müssen Lebensmittel, Geschirr und Geräte sichtbar und leicht zugänglich aufbewahrt werden. Anrichten und Regale, freistehende Schränke und Wandkästchen mit Holz- oder Glastüren, Metzgerhaken und Körbe bringen Alltagsgeschirr, Küchengeräte und wertvolle Keramiken vorteilhaft zur Geltung.

Oft paßte das wenige Mobiliar einer alten Küche in einen Handwagen. Doch erfolgreiche Handwerker investierten in die Verschönerung von Heim und Küche. Schon früh schafften sie sich eine in der Region gefertigte Anrichte an, die dann von Generation zu Generation weitergereicht wurde.

Untrennbar zum Haus gehörte auch der kumbrische Einbauschrank, der im Erdgeschoß die Trennwand zwischen Küche und Schlafplatz bildete. Auf der Küchenseite befand sich Stauraum für langlebige Nahrungsmittel wie Roggenbrot und Haferkuchen. Die Schlafzimmerseite beherbergte Wäscheregale und Vorrichtungen zum Aufhängen der Kleidung. In die trockene Herdwand baute man Schränke zur Aufbewahrung des Salzfasses sowie der Gewürz- und Kräutervorräte ein. Freistehende Schränke und Wandkästchen, in denen man Lebensmittel verstaute, standen weiter weg von der Feuerstelle. Ihre Vorder- oder Seitenwände bestanden oft aus Rohrgeflecht, um die Vorräte zu belüften.

Die amerikanischen Siedler nahmen diese Einrichtungsgegenstände mit oder ließen am Ort Kopien der Originale anfertigen. Andere Auswanderer wie die Shaker entwickelten ihr eigenes Mobiliar. In den ordentlichen Küchen der Shaker standen ovale Kirschholzkisten, in denen Kräuter und Gewürze, Knöpfe und Nägel aufbewahrt wurden. Sie verfeinerten diese traditionelle Gestaltungsweise noch mit sich verjüngenden, schwalbenschwanzähnlichen Formen. Die Deckel waren den Formen exakt angepaßt und öffneten sich mit einem Seufzer. Die Einrichtung ihrer Katen entsprach getreu dem Shaker-Credo: »Gib jedem Gegenstand seinen Platz, so daß Du ihn zu jeder Tages- und Nachtzeit findest.«

Heute verleihen solch einfache Vorratsgefäße der Landhausküche zusammen mit dem Lieblingskochbuch, dem alten Schneidbrett, der ehrwürdigen Küchenuhr, dem Gewürzregal und den Töpferwaren einen besonderen Reiz.

VERSTAUEN UND AUFBEWAHREN

Die natürlichen Farben dieser spartanischen, französischen Steinküche (gegenüberliegende Seite oben) werden durch die einfache Kochstelle in Form eines zweiflammigen Gasherdes ergänzt. In den offenen Regalen unter dem früheren Kamin haben Geschirr und Steinzeugschüsseln ihren Platz.

In Ermangelung einer altmodischen Anrichte verwandeln sich diese modernen verglasten Wandschränke zu einer hübsche Vitrine (gegenüberliegende Seite links).

Kupferbleche hängen wie Schmuckmedaillen von den Türen dieses Vorratsschrankes (gegenüberliegende Seite Mitte). Polierte Kupfergefäße und -pfannen zieren die Regale.

Bei Platzmangel, wie in dieser Kate in Devon (gegenüberliegende Seite rechts), kann man den Küchentisch gegen eine Wand unterhalb des mit Spitzenstores verzierten Vorratsschrankes schieben.

KÜCHENAUSSTELLUNG

TELLERPARADE

Die in der Landhausküche »ausgestellten« Haushaltsgegenstände sind meist regelmäßig in Gebrauch. Hier (links) ergänzen sich dekorative Gebrauchsteller und Geschirr aus naturfarbenem Ton aufs erfreulichste mit einer einfachen Anrichte. Ihre Regalböden enden in gezackten Rändern, die Rückwand besteht aus Holzlatten.

Anstatt in einer Vitrine ausgestellt zu sein, steht hier eine Sammlung von glasierten und bemalten Tellern, Tassen und Geschirr zusammen mit Holz- und Keramikminiaturen auf offenen Holzregalen (gegenüberliegende Seite oben). Einfache Sammlerstücke, wie diese zwölf Löffel, die in einem bemalten Wandgestell stecken, unterbrechen eine leere Wand, während Wertgegenstände (gegenüberliegende Seite unten Mitte), die in langen Jahren zusammengetragen wurden, eine ganze Wand zieren können. In unterteilten Regalen kann man Sammlerstücke in hübschen Gruppen arrangieren. Jedes Abteil wird durch einen besonders bemalten Rand hervorgehoben (gegenüberliegende Seite unten links). Die unverputzten Steine des alten Cottage bilden einen geeigneten Hintergrund für ein einfaches Holzgestell, auf dem sich eine Sammlung südeuropäischer Bauernkeramiken befindet (gegenüberliegende Seite unten rechts).

ESSBEREICHE

◆ Die Kunst, einen angenehmen Eßplatz zu schaffen, liegt in der Anpassungsfähigkeit. Man braucht lediglich eine stabile Oberfläche, einen geeigneten Stuhl und ein passendes Umfeld.

◆ Heutzutage ist es nicht mehr üblich, einen Raum ausschließlich förmlichen Mahlzeiten vorzubehalten. Ein gemütlicher Eßplatz ist jedoch immer noch von größter Bedeutung. Im Cottage genoß man die frischen Speisen so nah wie möglich am Ort ihrer Zubereitung.

◆ Um eine geräumige Küche zu schaffen, muß man häufig Trennwände zwischen angrenzenden Räumen herausreißen. Dabei ist es wichtig, tragende Mauern mit einem starken Balken abzustützen.

◆ In einem solchen Umfeld bilden Tisch und Stühle eine natürliche Barriere, vor allem wenn man sie unter ein sonniges Fenster oder in eine helle Ecke stellt und mit hübschen Sammlerstücken umgibt.

◆ In kleineren Küchen reicht ein Tisch mit abklappbaren Seitenteilen für den täglichen Gebrauch. Bei Bedarf kann man die Seiten dann hochklappen und mehr Leute unterbringen.

◆ Die Stühle müssen nicht unbedingt zum Tisch passen. Wenn drei Stühle mit leiterförmiger Lehne und zwei Sitzgelegenheiten im Windsor-Stil einladend wirken, werden die Besucher genauso lange verweilen wie auf einer einheitlichen antiken Sitzgruppe.

DER ESSPLATZ

Die Trennwand wurde hier durch einen eleganten hellen Ziegelbogen ersetzt. Dadurch entstand ein kühler, ruhiger Speiseraum in diesem umbrischen Bauernhaus bei Todi. Die freundlichen rosa und weißen Farben zerstreuen und mildern das gleißende italienische Licht (oben).
Ein stabiler skandinavischer Holztisch mit Stühlen bildet den Blickfang dieser einfachen Inneneinrichtung (rechts).

Bei Tisch

Seit der Zeit, als die Menschen ihre Mahlzeit direkt am Ort ihrer Zubereitung einnahmen, hat ein durchgreifender Wandel in der gesellschaftlichen Konvention stattgefunden. In den Nachkriegsjahren hatte die Küche die Größe einer Telefonzelle, und Speisezimmer waren ein Muß. Doch heutzutage hat die Küche ihre Stellung als Mittelpunkt des Hauses zurückerobert und ist sogar ein wenig Statussymbol geworden.

Zu einer traditionellen Landhausküche gehörte eine bescheidene Sammlung handgearbeiteter Möbel. Ein praktischer, stabiler Tisch bildete häufig den Mittelpunkt. Anfangs bestand er aus groben Eichen- oder Ulmenbrettern, die auf Schragen gestellt waren. Er wurde für die Mahlzeiten aufgebaut und mit einem Leinentuch bedeckt, das bis zum Boden reichte. Im Laufe der Zeit wurde diese einfache Konstruktion vom Klapptisch abgelöst. In geräumigen Küchen fand man auch oft breite Eichentische, an denen ein Dutzend Leute bequem Platz hatte. Heutzutage sind Tische aus unbehandeltem Kiefernholz sehr beliebt. Die Bretter eines alten Tisches, der die Narben und Kratzer seines langen, schweren Lebens zeigt, können gewendet und abgeschliffen werden. Das Holz schrubbt man einmal pro Woche kräftig ab. Man kann auch ein Wachstuch oder eine wasserfeste Tischdecke ausbreiten. Im Gegensatz zu Mahagoni entstehen bei Kiefer und Eiche keine Flecken, wenn Speisen oder Getränke einmal verschüttet werden.

Den Blickfang im Herzen des Hauses bildet auch heute noch die Anrichte, auf der die besten Teller und eine kleine Kuriositätensammlung wie Honigtöpfe oder Eierbecher in Tierform aufgereiht sind. In kleineren Küchen, wo Arbeitsflächen und Stauraum beschränkt sind, dient das alte Zuschneidebrett eines Metzgers oder ein kleiner, stabiler Holztisch als Arbeitsplatte.

DAS SPEISEZIMMER

Hier besteht eine gesamte Wand nur aus Flügeltüren. Aus dem Garten flutet das Licht direkt in ein ansonsten düsteres Speisezimmer. Mehrzweckräume wie dieser, die mit Antiquitäten bestückt und mit strapazierfähigen Fliesen ausgelegt sind, können viele Funktionen haben und eignen sich ebenso als Spielzimmer für Kinder wie als ruhiger Arbeitsraum.

TAFELFREUDEN

◆ Der größte Vorteil des Landlebens liegt in der Möglichkeit, das
Zimmer oft gegen den Aufenthalt
im Freien zu tauschen. Den Platz
an der Sonne kann man schaffen,
indem man eine steinerne oder
hölzerne Südwand weiß streicht
und den Bereich mit Pflastersteinen oder alten Ziegeln auslegt. Zur
Auflockerung setzt man Grünpflanzen ein, am besten Spalierbäume
oder wilden Wein.

◆ Von den kumbrischen Spinnve-
randen bis zur italienischen Loggia
hatten viele Katen einen überdach-
ten Bereich oder Vorbau, der der
Witterung ausgesetzt war. Hier
wurden landwirtschaftliche
Erzeugnisse und Wolle getrocknet
oder Treibstoff aufbewahrt.

◆ Wer in diesen Bereichen den
Boden fliest, Rolläden installiert
und passendes Mobiliar einbringt,
kann sie ideal in Wohnräume im
Freien verwandeln.

◆ Alte Holzbänke und Latten-
stühle, an denen das Regenwasser
ablaufen kann, eignen sich als Gartenmöbel. Wenn man sie einmal im
Jahr mit einem Holzschutzmittel
streicht, können sie sommers wie
winters im Freien stehen. Eine andere Möglichkeit ist eine einfache
Picknickbank mit Klappstühlen.

EINFACH UND STILVOLL

*Ausgestattet mit den Bequem-
lichkeiten unserer modernen Zeit,
vereint die karge Shaker-Tradition
dieses Speisezimmers alt und neu
harmonisch miteinander (links).
Die einfach gekalkten Steinwände
und die Giebeldecke bilden einen
ruhigen Hintergrund zu dem anmu-
tigen Kandelaber und dem geome-
trischen Wandbehang.*

LEBEN AUF DER LOGGIA

*Der runde Tisch, der sich unter
einem karierten Tuch verbirgt
(gegenüberliegende Seite oben), ist
für das Mittagessen gedeckt. Die
Speisenden nehmen auf einfachen
Holzstühlen Platz und genießen die
Mahlzeit neben einem hübsch
gepflasterten Gartenbereich.*

KÜHLE FLIESEN

*Eine Mischung aus Holz, Fliesen
und Schmiedeeisen bestimmt die
entspannte Atmosphäre dieses
Speisezimmers. Musselinvorhänge
schützen die Speisenden vor grel-
lem Sonnenlicht. An kalten Winter-
abenden kann man im alten guß-
eisernen Ofen ein wärmendes Feuer entfachen (gegenüberliegende
Seite unten).*

KÜCHENMÖBEL

Früher beschränkten sich die Sitzgelegenheiten in der Küche auf einen Schemel oder die Sitzbank. Aus dem drei- und vierbeinigen Hocker entwickelte sich der Stuhl mit hölzerner oder geflochtener Rückenlehne. Dieser wandelte sich dann zum Windsor-Stuhl mit beschnitzter Sitzfläche. Seine Rückenlehne zierte häufig ein Radmuster.

In der Mitte des 18. Jahrhunderts kam das Sofa bei den wohlhabenderen Gesellschaftsschichten in Mode. Die stolze Dame des Hauses wäre entsetzt gewesen, dieses luxuriöse Möbelstück in der dampfigen Küche zu finden. Doch die Bauernsitte, das alte Roßhaarsofa direkt am Herdfeuer zu plazieren, trug den Sieg davon. In etwas abgewandelter Form kehrte es in Gestalt der Sitzbank in die Wohnküche zurück, wo es im zwanglosen Familienkreis höchstes Ansehen genießt.

ANMUTIG UND PRAKTISCH

Die Verwendung natürlicher Materialien ist typisch für die traditionellen Landhausmöbel, ist ihr besonderer Wert. Das Holz wurde häufig bearbeitet, solange es noch grün und biegsam war, und nahm erst im Laufe der Jahre seine endgültige Form an.

NEBENGEBÄUDE UND WASCHHAUS

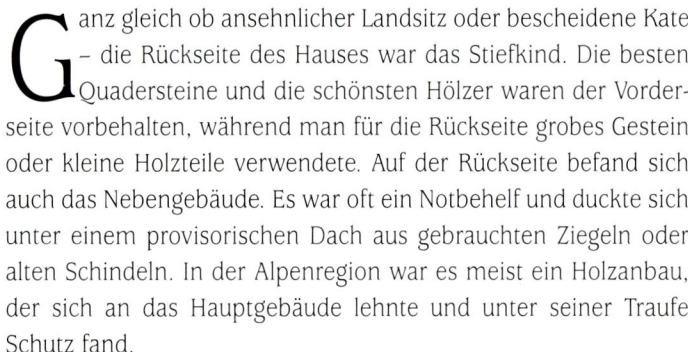

SAMMLERSTÜCKE AUS DER KÜCHE

Funktionsräume, traditionelle Waschküchen und Nebengebäude eignen sich bestens für die Unterbringung von Heizkessel, Stromzähler und Haushaltsgeräten. Vielfach bleibt daneben auch noch Platz für Sammlerstücke wie Tongefäße, Pfannen und Porzellan und für eine hübsche Gestaltung (oben und gegenüberliegende Seite).

Ganz gleich ob ansehnlicher Landsitz oder bescheidene Kate – die Rückseite des Hauses war das Stiefkind. Die besten Quadersteine und die schönsten Hölzer waren der Vorderseite vorbehalten, während man für die Rückseite grobes Gestein oder kleine Holzteile verwendete. Auf der Rückseite befand sich auch das Nebengebäude. Es war oft ein Notbehelf und duckte sich unter einem provisorischen Dach aus gebrauchten Ziegeln oder alten Schindeln. In der Alpenregion war es meist ein Holzanbau, der sich an das Hauptgebäude lehnte und unter seiner Traufe Schutz fand.

Immobilienmakler bezeichnen diese Nebengebäude heute als Funktionsräume. Vor einigen Jahrhunderten hatten sie so viele Namen wie Aufgaben. Manchen dienten sie als Brauraum für die Herstellung eigenen Mostes oder Bieres, als Käserei oder Meierei, anderen als Lagerraum für Getränke, wie etwa Bier.

Als Lagerraum mußte das Nebengebäude oft kühl gehalten werden. Die Rückseite des Hauses war sowieso die kälteste Stelle. Ein Stein- oder Schieferboden, ein winziges Fenster und eine zugige Stalltür, durch die Licht in den Raum fiel und die die Hunde aussperrte, verhinderte auch an heißen Tagen eine unerwünschte Erwärmung.

Je nach Bedarf war der Nebenbau mit Lagerbehältern bestückt. Einer beherbergte vielleicht einige Fässer mit Apfelmost, durch deren Strohverschluß pfeifend der Geruch gärender Äpfel entwich. Ein anderer diente der Lagerung von Milchschalen, Bottichen und Pressen für die Käseherstellung.

In diesem Raum befand sich vielfach auch die Pökelbank, auf der die Bewohner das Schwein, das zu Hause geschlachtet worden war, sorgfältig mit Salz einrieben, um es dadurch haltbar zu machen. Dieses Verfahren verursachte später oft Probleme für die Kate, da das Salz in die umgebenden Wände eindrang und Feuchtigkeit anzog.

Manchmal hatten die Nachbarn Grund zur Eifersucht. Und zwar dann, wenn das Nebengebäude gleichzeitig Wasserstelle war. In solch seltenen Fällen wurde das Wasser von einer nahegelegenen Stelle in den Raum gepumpt oder direkt mittels einer schmiedeeisernen Handpumpe aus dem geziegelten Schacht einer tiefen Quelle an die Oberfläche befördert.

Eine Wasserstelle im Haus bedeutete, daß man im Nebenbau waschen konnte. Dann standen die für die montägliche Wäsche notwendigen Utensilien – Schemel und Wringmaschine, Heizkessel und Waschbrett – Seite an Seite mit getrockneten Kräutern wie Lavendel, Duftminze und Marienblatt, die der sauberen Wäsche Ihren Duft gaben und vor Motten schützten.

KAPITEL 3

Wohnräume

Das vollkommene Wohnzimmer eines Landhauses sollte eine zwanglose Mischung natürlicher Materialien und Textilien sein und das Gefühl einladender Gemütlichkeit vermitteln. In nördlichen Gefilden trifft man häufig auf ein loderndes Kaminfeuer, tiefe Polstersessel und die kühnen Muster eines Wandteppichs. Im Süden sind kühle Fliesen, Licht, gekalkte Wände, im Sommerwind wogende Musselinvorhänge und eine offene Tür, die Ausblick auf den Garten gewährt, Ausdruck des mediterranen Lebensgefühls. Der Charme des Wohnzimmers liegt eher in zwangloser Liebe zum Detail als in verfeinerter Eleganz. Hier steht eine erlesene Porzellansammlung neben ländlichen Textilien oder antikem Küchengerät. Regale reihen sich an Eckschränke oder riesige Holzkörbe. Der Wohnbereich vereint persönliche Vorlieben mit traditionellem einheimischem Mobiliar und einem Blick für das Einfache und Ungekünstelte.

ZWANGLOSE ELEGANZ

Die verschiedenen natürlichen Materialien in diesem Wohnzimmer vermitteln einen ungekünstelten und wohligen Eindruck. Üppige Sofadecken, verschiedene orientalische Kissenbezüge und ein großer geflochtener Korb schaffen eine intime Atmosphäre.

WOHNZIMMER

Das Wohnzimmer blickt auf keine lange Geschichte zurück, da in den meisten Katen die Küche der einzige Wohnraum war. Nun stellt sich die Frage, woher das heutige Wohnzimmer in den Katen kommt. Falls Gast und Gastgeber während eines zwanglosen Abendessens eine Zeitreise ins letzte Jahrhundert unternehmen könnten, würden sie sich in Gesellschaft einer freundlich wiederkäuenden Kuh und einer verärgert gluckenden Hennenschar finden. Anstelle der hübschen Tapete würde die Wand von mehreren Schichten abblätternder Farbe geziert sein; das tiefe Sofa mit den Armschnörkeln würde von einem einzelnen dreibeinigen Schemel ersetzt und der edle Eckschrank aus Nußbaumholz von einem Stall voller Heu. Während die Küchen meist blieben, wo sie waren, entstanden die Wohnzimmer aus den ehemaligen Behausungen der Tiere.

Den meisten Familien reichte eine große Küche und eine Schlafkammer auf dem Boden, solange nur die wertvolle Hauskuh und die Hühner ein Dach über dem Kopf hatten und in Reichweite waren. Bis zum 19. Jahrhundert – in manchen Regionen Europas bis weit ins 20. Jahrhundert hinein – brachte der Katenbewohner sein Vieh entweder im Erdgeschoß unter und wohnte selbst im darüberliegenden Stockwerk, wobei er von der Wärme der unter ihm lebenden Tiere profitierte, oder er hielt sein Vieh in einem Ende des Langhauses.

In Großbritannien wurden die Haustiere ab dem 19. Jahrhundert außerhalb des Cottage untergebracht, wie die Jahressteine über vielen Ställen bezeugen. Nachdem die Bewohner nun einen neuen Raum auszustatten hatten, blieb ihnen nichts anderes übrig, als sich der gängigen Mode anzuschließen und ein Wohnzimmer einzurichten.

In Anlehnung an die Sitten ihrer wohlhabenderen Nachbarn ahmten die Häusler deren Einrichtung mit ebenso großem Eifer nach, wie diese später ihre Innenausstattung imitieren sollten. Das so entstandene Wohnzimmer wurde der beste Raum des Hauses und ähnelte einem viktorianischen Melodram: dunkle Vorhänge, ein Klavier und ein dunkel gebeizter Wandbereich, über dem eine billige Drucktapete prangte. Hier durften die Kinder nur leise spielen, und hier wurden die Toten aufgebahrt. Solch ein düsteres Zimmer hatte im Cottage keine lange Lebenserwartung. Die Häusler brauchten Raum für die zahllosen Utensilien, für die sonst kein Platz war. Bald beherbergte der Wohnraum Sammlungen alter Bügeleisen und Butterformen sowie Fallen aus Holz, Honigtöpfe aus Porzellan und Tierfiguren aus Zinn. Hinzu kamen noch zwei Neuheiten – das Radio und Bücherregale.

Dies fand eigenartigerweise zu einer Zeit statt, als sich das Kunstgewerbe durchsetzte und sich bemühte, natürliche Materialien und Stoffe mit einfachen Landhausmöbeln und soliden offenen Kaminen zu vereinen.

Heute sind die Wohnzimmer der Landhäuser oft durch den Abriß von Zwischenwänden vergrößert worden. Das Gesicht des Wohnzimmers als Ort für die Aufbewahrung und Ausstellung von Sammlerstücken wird entscheidend von der Wahl der Einrichtung und Polstermöbel bestimmt. Blumenmuster schaffen einen traditionellen Raum, während einfarbige Polsterstühle und Sofas eine eher formelle Atmosphäre entstehen lassen. Wenn Sie das Einfache mit dem Feinen kombinieren wollen, sollten Sie Karos und Streifenmuster in kühlem Blau, Gelb oder Terrakotta nebeneinandersetzen.

Die Wahl der Innenausstattung sollte vom Gebäude selbst bestimmt werden. Die klaren Linien eines Corbusier-Stuhls oder eines Jugendstil-Tisches mögen zu einer Stadtwohnung passen. In einem Landhaus wirkt der Wohnraum jedoch gemütlicher, wenn ein alter hölzerner Schaukelstuhl sich zu einem großen, bequemen Lehnstuhl gesellt. Bei sparsamer Kombination mit älteren Stücken eignen sich dennoch auch moderne Elemente für ein altes Gebäude.

FREILIEGENDE BALKEN

Hier wurde die Dachkonstruktion, die sich normalerweise hinter Fasergipsplatten versteckt, in ihrer ganzen Schönheit freigelegt. Breite Fenster und Türen verhindern, daß der Raum kopflastig wirkt.

RESTAURIEREN ALTER ELEMENTE

◆ *Je älter das Cottage, um so schwieriger ist die Identifikation der ursprünglichen Elemente. Anstatt das intakte Schieferdach von einer bretonischen Kate zu reißen und es durch ein Walmdach zu ersetzen, sollte man sich auf die Freilegung und Betonung alter Details konzentrieren.*

◆ *Hinter einer Ziegelwand verbirgt sich oft eine alte Feuerstelle. Man kann den offenen Kamin wiederherstellen und mit einem neuen schmiedeeisernen Gitter, einem Feuerbock und einem leistungsfähigen Holzofen ausstatten. Achten Sie auf immer seltener werdende Details, zum Beispiel einen Rauchfang mit verputzten Trägern oder einen alten Backofen. Solche Seltenheiten sollten liebevoll restauriert werden.*

◆ *Um zu verhindern, daß Staub und Schmutz vom Obergeschoß nach unten dringen, kann man an Fachwerkdecken Fasergipsplatten anbringen. Man entfernt alten Gips oder Platten und dichtet die Spalten zwischen den Balken mit neuen Fasergipsstreifen ab.*

◆ *Wer Balken mit einer Drahtbürste bearbeitet und mit Leinsamenöl behandelt, bringt ihre wirkliche Farbe wieder zum Vorschein. Man kann das Verfahren auch bei hölzernen Türrahmen, Fensterbrettern und Tafelwerk verwenden.*

◆ *Unter alten Tapeten verbergen sich oft Innenwände aus Stein oder aus mit Lehm beworfenem Flechtwerk. Legen Sie einen solchen Wandbereich frei, und streichen Sie ihn mit mattem Lack, um den Staub zu binden.*

SPIEGEL DER PERSÖNLICHKEIT

Der Charakter eines jeden Raums spiegelt die Persönlichkeit des jeweiligen Besitzers wieder. Hier verbindet sich ein starker Sinn für Gestaltung (links), der in der Wahl ungewöhnlicher Polstermöbel zum Ausdruck kommt, auf harmonische Weise mit dem bäuerlichen Rahmen.

EINE PASSENDE WAHL

Blumenmuster und schöne Gemälde ergänzen die kahlen Holzteile und die freigelegten Balken dieses ländlichen Wohnzimmers (rechts). Anstatt dem Raum den eigenen Geschmack aufzuzwingen, sollte man versuchen, seine Ideen einzufügen. Auf diese Weise bewahrt man die Integrität des Zimmers.

FARBGESTALTUNG

◆ Licht spielt mit den Farben. Bevor man eine große Fläche mit einer auffallenden Farbe streicht, sollte man diese erst an einer Stelle testen, auf die sowohl künstliches Licht als auch Tageslicht fällt.

◆ Die Wandflächen eines alten Cottage (oben) zeigen oft gleichzeitig Verputz, Ziegel, Holzschwellen und Balken. Die Holzteile sollte man abschleifen. Bei frischem Holz empfiehlt sich zusätzlich eine Grundierung. Bei unebenem oder bröckeligem Verputz setzt man Füllstoff ein, der nach dem Trocknen geglättet wird. Frischen Verputz streicht man mit einer neutralen, stark verdünnten Emulsion.

◆ Anstriche sind dem modischen Wandel unterworfen. Alle paar Monate ist ein neuer Farbton »in«, der zwölf Monate später wieder völlig aus der Mode gerät. Tatsächlich gibt es keine durchgreifenden Neuerungen. Alles dreht sich um das altbekannte Spektrum der Farben und deren harmonische Kombination.

◆ Ein Trompe-l'œil-Gemälde belebt eine unverputzte oder getünchte Wand, indem es eine neue Farbe, ein interessantes Muster oder ein ungewöhnliches Material einführt.

◆ Der sanfte rosa Anstrich dieses Raumes (rechts) betont den traditionellen Gipsverputz dieser Giebelwand und erinnert an die Zeit, als das Cottage jeden Frühling innen und außen getüncht wurde, um es für ein weiteres Jahr gegen Sonne und Sturm zu schützen.

DEKORATIVE EINZELHEITEN

◆ Flächen mit gegensätzlichen oder abgestuften Farben bilden das Gerüst für die farbliche Gestaltung eines Raumes. Eine derartige Farbkoordination muß nicht pedantisch sein; in solchen Räumen wären einzig schlecht gefertigte Möbel oder unbequeme Stühle störend.

◆ Hier bildet der traditionelle hellgelbe Anstrich (links) einen neutralen Hintergrund für Möbel und andere Einrichtungsgegenstände. Die einheitliche Farbe der schmalen Deckenbretter schafft einen Rahmen, in dem die verschiedenen Schattierungen und Komplementärfarben, wie beispielsweise der hohe Türbogen, einen Kontrapunkt setzen.

◆ Innenräume wie diese wirken auf Grund ihrer subtilen Farben und der handgefertigten Möbel und nicht durch ihre Treue zu einer bestimmten Stilrichtung. Sie eignen sich für Räume jeder Größe und jedes Alters. Die frischen, einfachen, gebleichten skandinavischen Bodenbretter, die eisblaue Wand und die gleichfarbige Decke dieses Wohnzimmers (rechts oben) werden durch die warme Farbe des polierten Schreibtisches aus Walnußholz und die dunkleren Töne von Wandverschalung, Fensterrahmen und Kaminsims konterkariert.

◆ *Die warmen Rosatöne zwischen dem dunklen Kamin und dem Boden sowie die helle weiße Decke verleihen diesem bäuerlichen Raum eine gewisse Wärme (unten links). Emulsionen auf Wasserbasis, die schnell trocknen und keine Grundierung erfordern, eignen sich bestens für solche Wände. Falls Sie eine ungewöhnliche Farbe verwenden, sollten Sie einen halben Liter mehr bestellen als Sie brauchen, damit Sie bei späteren Ausbesserungsarbeiten die gleiche Farbe zur Verfügung haben. Für Holzteile sind mehr oder weniger glänzende oder matte Lacke auf Ölbasis am besten geeignet.*

◆ *Mit Farben kann man auch die Oberflächenstruktur hervorheben. In diesem Zimmer (unten rechts) wurde der Rauhverputz der alten Steinmauer beibehalten. Eine glänzende Farbe betont die Beschaffenheit der Wand.*

DAS TÜPFELCHEN AUF DEM »i«
In diesen farbenfreudigen Innenräumen zeigt sich die Liebe zum Detail bei der Zusammenstellung der Farben und Materialien ebenso wie bei der Wahl der Möbelstücke.

FEUERSTELLEN UND ÖFEN

Seit der Zeit, als das Feuer nur aus ein paar qualmenden Zweiglein und getrockneten Kuhfladen bestand, bis zur Moderne, da praktische Gasimitationen das Zimmer zieren – die Feuerstelle war und ist der Mittelpunkt des Wohnraumes. Ursprünglich war die Feuerstelle in der Mitte der raucherfüllten Raums. Um sie herum saßen die Menschen auf flachen Hockern und Bänken.

Im wohlhabenden Elisabethanischen Zeitalter setzte in Großbritannien der Wiederaufbau ein. Während dieser Ära begann man, die Feuerstellen in die Wand einzubauen. Dies bedeutete, daß in das alte Cottage eine Wand eingezogen wurde, in der sich der Herd des Hauses befand. Auf diese Weise erfolgte zum ersten Mal eine klare Zweiteilung des Gebäudes.

Auch wenn das übrige Haus aus Stein oder Holz bestand, waren Kamin und Feuerstelle doch meist aus Ziegel. Da dies die Kochstelle war, hingen Töpfe und Pfannen über der glühenden Kohle in der Aushöhlung des Kamins. Manche Leute umgaben ihren heimischen Herd mit einem Rahmen aus Fichtenholz sowie einem hohen Kaminsims und installierten einen irdenen Brotofen oder eine Kammer zum Räuchern von Fisch oder Fleisch in den Seitenbereich der Feuerstelle. Andere bevorzugten als Halt für den Kamin eine breite Saumschwelle, die oft aus feuerfestem Ulmenholz gefertigt war. Vom Gesims hing ein kurzer Vorhang, der den Rauch abhalten sollte. Darunter stand ein eiserner Feuerbock und seitlich daneben ein Korb mit Holzscheiten, während eine eiserne Feuerplatte die Rückwand schützte und die Wärme ins Zimmer abstrahlte. Diese Rückwände waren häufig reich verziert. Eine beliebte Technik bestand darin, Seilstücke oder einfache Schnitzereien in eine Sandform zu drücken, die man dann mit geschmolzenem Metall ausgoß.

Im Sommer hingen Trockenblumen und Tannenzapfen im Kamin. In Nordamerika deckte man die Feuerstelle mit handbemalten Brettern ab, um die Zugluft des Kamins auszusperren. Im Winter wurde das Feuer wieder entzündet und brannte dann bis zum Frühling. Doch gibt es in nördlichen Gefilden auch Bauern, die behaupten, daß ihr Hausfeuer jahrhundertelang nicht erloschen sei.

Die Verwendung fossiler Brennstoffe führte zur Entwicklung neuer Technologien wie Brennkammern, Hochöfen und Feuerrosten. Viele von ihnen zeichneten sich eher durch ein ansprechendes Äußeres als durch Leistungsfähigkeit aus. Im kalten Norden trug der gußeiserne oder tönerne Holzofen den Sieg davon. Die hohen skandinavischen Keramiköfen erhitzten Steine, die in einer Zie-

gelkammer über dem Feuer gelagert wurden, und strahlten die Wärme dann ähnlich unseren Nachtspeicherheizungen ab. Der »amerikanische« Ofen, der gegen 1700 in Pennsylvania entwickelt wurde, saugte kalte Luft von außen an und gab sie dann erwärmt an den Raum ab.

Wenngleich Zentralheizungen die ursprüngliche Feuerstelle überflüssig gemacht haben, sind weder das offene Kaminfeuer noch der Holzofen vom Aussterben bedroht. Immer noch bilden sie den Mittelpunkt manch eines Landhäuschens. Holzöfen gibt es heutzutage in allen möglichen Formen, und die Einfassungen reichen von einfacher Holztäfelung über Blumenziegel bis zum dramatischen Steingesims.

LUXUS OHNE REUE

Die Gemütlichkeit, die diese mit Chintz bezogene Sitzgruppe ausstrahlt, wird von dem lodernden Holzfeuer noch verstärkt (gegenüberliegende Seite unten links). Holzkorb, Blasebalg und Kerzenständer schlagen eine Brücke zur Vergangenheit und verleihen diesem nachdenklichen, einladenden Wohnzimmer zusätzliche Atmosphäre.

DIE KAMINECKE DES COTTAGE

Als man anfing, solche Feuerstellen (gegenüberliegende Seite oben) in englische Landhäuser einzubauen, gab es billiges Brennholz in Hülle und Fülle. Nun, da die Vorräte schwinden, sind bescheidene Öfen, in denen verschiedene Brennstoffe verwendet werden können, praktischer. In der steinernen Feuerstelle untergebracht, sind sie eine dekorative Bereicherung für jedes Wohnzimmer.

FEUER OHNE FEUERSTELLE

Wenngleich die Brennkammer und der Rauchfang eines Holzofens in einem Kaminrohr enden, erfordern sie doch keine Feuerstelle im eigentlichen Sinn (gegenüberliegende Seite unten rechts). Solche Öfen stehen auf einem feuerfesten Sockel auf alten Ziegeln oder Kacheln und erwärmen den Wohnraum in jedem traditionellen Cottage.

LANDHAUSMÖBEL

DER BLICKFANG

*Die meisten Landhäuschen waren früher spärlich möbliert, und ein
einzelnes schönes Stück diente als Blickfang.*

D as Plastik-, Stahl- und Nylonzeitalter versorgt die Menschen mit den grundlegenden Dingen, die sie zum Leben brauchen. Dennoch haben natürliche Materialien immer noch eine starke Anziehungskraft. Abgesehen von einem Heimatkundemuseum findet man wohl kaum mehr eine Behausung, in der alle Gegenstände aus Holz, Binsen, Schilf und Ton bestehen. Doch noch vor gar nicht so langer Zeit – vor einem Jahrhundert etwa – gab es zu diesen Stoffen keine Alternative. Angesichts der beschränkten Möglichkeiten wurden die Menschen der damaligen Zeit erfinderisch.

Zur Jahrhundertwende bestand das spärliche Mobiliar eines Hebridenhäuschens vielfach aus einer Truhe und einigen Hockern oder Baumstämmen als Sitzgelegenheiten. An der Wand hingen zwei oder drei Holzbretter, die während der Mahlzeiten als Tablett dienten. Die alte Truhe, die häufig aus einem einzigen Baumstamm gefertigt war, hatte einen großen Nachteil: Der flache Deckel konnte nicht genutzt werden, wenn die Bewohner ständig in der Truhe kramen mußten. Die Kredenz, die aus offenen Regalen über einem geschlossenen Stauraum bestand, löste das Problem. Dieses Möbel war so groß, daß es als Raumteiler dienen konnte und bei Umzügen zerlegt werden mußte. Im 17. Jahrhun-

dert versah man die oberen Regale dann mit Türen, und so entstand der Aufsatzschrank.

Die traditionellen Möbel entsprachen den Gepflogenheiten der jeweiligen Region. Doch die allgegenwärtige Anrichte überwand die lokalen Eigenheiten und eroberte die ganze nördliche Welt. Je nach Region verwendete man unterschiedliche Hölzer; die skandinavische Anrichte bestand aus Kiefernholz, die englische aus Eiche. Doch alle beherbergten damals wie heute Schalen, Tassen und anderes Geschirr.

Die Sitzbank, der Vorläufer des modernen Sofas, wurde ebenfalls aus dem Holz der Region hergestellt, sie bestand aus Esche, Ulme, Birke, Kiefer oder Tanne. Die Truhen- und die Schlafbank sind nur zwei Vertreter dieses variantenreichen Möbels.

MÖBELVERZIERUNGEN

Wenngleich die ländlichen Stilarten typisch für eine Region sind, beeinflußten sie sich doch auch gegenseitig. So wie die iberische Halbinsel maurische Spuren aufweist, so trägt das Innere skandinavischer Häuser Züge des französischen Rokoko und Neoklassizismus. Lange nachdem sich die Aristokraten neuen Moderichtungen zugewandt hatten, wurde der von ihnen beeinflußte Stil skandinavischer Innenarchitektur von Auswanderern nach Neuengland getragen.

Die reichen Vorkommen von weichen Hölzern in beiden Ländern wurden zum Hausbau und für die Möbelschreinerei verwendet. Farbe, deren Pigmente aus Naturstoffen gewonnen wurden, diente als Schutz und Zierde.

Die Familienbibel war in den meisten bäuerlichen Haushalten das einzige Buch. Die Möbelmaler mußten also ihre Inspiration hauptsächlich aus der Natur beziehen. Obgleich wandernde Künstler neue Ideen in abgelegene Siedlungen brachten, blieb die dekorative Tradition doch vor allem Volkskunst.

Die Schablonierkunst, die aus Fernost und Asien nach Europa kam, wurde auch von den Volkskünstlern übernommen. Auf diese Weise erlebte die Möbelmalerei eine neue Blüte.

Mit Hilfe einfacher Schablonen aus Acetatfolie oder geölten Schablonenplatten kann man eine sonst schmucklose Wand verzieren. Für eine mit Dispersionsfarbe gestrichene Wandfläche eignen sich auch Acryl-, Plakat- oder Emulsionsfarben.

Bei Möbeln kann man mit verschiedenen Farben experimentieren. Emulsionen und verdünnte Acrylfarben sollten noch eine schützende Lackschicht erhalten. Die Oberfläche muß vorher möglichst sorgsam behandelt und mit einer geeigneten Grundierung gestrichen werden. Auf diese Weise versiegelt man das Holz und schafft eine Unterlage für die dekorative Farbschicht.

D ie ländliche Liebe zur Farbe, die in den warmen, sonnigen Ländern Südeuropas stärker ausgeprägt ist als im kühlen Norden, beispielsweise in Großbritannien, führte zu einer Vielfalt an bemalten Möbelstücken. In Frankreich, wo man zum Bemalen von Möbeln heute noch Schablonen verwendet, stellten die *Dominotiers* kleine, bemalte Papiere her, die dann schachtelweise auf dem Markt verkauft und als Fries auf den Möbeln angebracht wurden. In Amerika besuchten fahrende Handwerksburschen die Siedler der Ostküste und verzierten alle möglichen Flächen, von Stuhllehnen und Holzschränken bis zu Bodenbrettern in Wohnräumen, mit leuchtenden Abbildungen von Vögeln, Bienenkörben, Früchten und Blumen.

EIN BEMALTES SCHMUCKSTÜCK

Nachdem man Kiefernmöbel vielfach abgeschliffen hat, sind bemalte Wandschränke wie dieser (links) recht selten geworden. Der einfach bemalte Schrank wird durch die leuchtend glasierten Krüge noch verschont.

SKANDINAVISCHE BLAUTÖNE

Ein blaugekachelter Eckofen (rechts) wärmt einen Raum mit bemaltem Mobiliar. Standuhren wie diese, die auf einer dekorativen Truhe steht, wurden traditionell in Heimarbeit hergestellt.

LÄNDLICHE POLSTERSTOFFE

Die Häusler liebten ihre Bequemlichkeit ebenso, wie wir es tun. Sie mußten nur länger und härter arbeiten, um an das Ziel ihrer Wünsche zu gelangen. Die Shaker etwa, die in Kentucky die Seidenindustrie aufbauten, zogen die Seidenraupen selbst, sammelten die Kokons – wobei ein Scheffel Kokons nur ein einziges Pfund Seide ergab – und spulten, färbten und webten dann die Seide.

Wenngleich die Menschen die meisten Polster für den Verkauf herstellten, blieben doch auch einige in ihrem eigenen Heim. Ein durchschnittlicher Häusler konnte sich zwar keine Polstermöbel kaufen, doch verwendete er gern Kissen, die mit Heu gefüllt waren und das Sitzen auf den harten Hockern und Bänken bequemer machten. Sie erfüllten den gleichen Zweck wie unsere heutigen Schaumstoffpolster, die auf der Fensterbank liegen. Daneben fand man im Cottage, je nach regionaler Tradition, auch Leinenvorhänge, bestickte Wandteppiche und Spitzenstores.

Vor der industriellen Revolution kamen die Polsterstoffe aus der nächsten Umgebung. Das irische Leinen kam von weißen Flachsfeldern und die walisische Wolle von den Schafen, die neben Brombeeren, Holunder und Wiesenkerbel und damit genau neben den Pflanzen grasten, mit denen ihre Wolle gefärbt wurde.

Zum Glück kommt man heute leichter zu den Polstern und Kissen, die man sich wünscht. Der moderne Mensch hat lediglich die Qual der Wahl, unter zahllosen Stoffen und Mustern die geeigneten Bezüge auszusuchen.

Doch nicht nur Möbel und architektonische Elemente können mit Stoffen verziert werden. Große Körbe, in denen man früher Holz aufbewahrte, gewinnen durch ein einfaches Gingham Gewebe, das man am Korbrand festnäht und zu einem lockeren Knoten verschlingt. So entsteht ein idealer Stauraum für Kinderspielzeug oder Illustrierte und Zeitungen.

POLSTER, IN DENEN MAN VERSINKEN KANN

Die strenge Täfelung dieses kleinen Wohnzimmers wird durch das tiefe, bequeme Sofa, auf dem hübsche Kissen verstreut sind, aufgelockert.

FENSTERGESTALTUNG

◆ *Stellen Sie fest, wie die Fenster Ihres Häuschens ursprünglich gestaltet waren, bevor Sie sich entscheiden, ob Sie diesen Stil kopieren möchten oder lieber ein wenig experimentieren.*

◆ *Die Entscheidung, ob man traditionelle Vorhänge aus Chintz mit Querbehang, Rüschen und Haltebändchen anbringt oder lieber einfache karierte Gingham-Gardinen oder Musselinschals aufhängt, hat wesentlichen Einfluß auf den Gesamteindruck des Wohnraums.*

◆ *Wenn Sie für Ihre Gardinen einen auffallenden farbigen Stoff wählen, sollten die Polster für Stühle und Sofa aus Kattun sein. Sie können dann als Hintergrund für kühne Kissenbezüge und Überwürfe dienen, die Farbe, Muster und Struktur der Vorhänge aufgreifen.*

◆ *Bei kleinen Fenstern sind einfache Spitzenstores oder klassische Scheibengardinen eine gute Alternative zu Vorhängen.*

VOM WINDE GEBLÄHT

Eine mit Troddeln verzierte Gingham-Gardine bläht sich im Wind, der durch das winzige Fensterchen hereinbläst (rechts).

KAFFEEHAUSGARDINEN

In dieser Blockhütte wurden die einfachen gelben Kaffeehausgardinen auf halber Fensterhöhe angebracht. Sie nehmen dem Fenster etwas an Höhe, ohne dabei den Lichteinfall zu verringern (links).

LÄNDLICHES KUNSTHANDWERK UND TEXTILIEN

Die rasche Entwicklung von Fabriken im 19. Jahrhundert zerstörte nicht nur die Heimarbeit der Häusler, sondern führte auch zu einer Umsiedelung der Menschen vom Land in die Städte. Erst in den letzten Jahren haben handgemachte ländliche Artikel eine Renaissance erfahren, und immer mehr Teppichknüpfer, Glasbläser, Uhrmacher, Töpfer, Weber und Schuster errichten ihre Werkstätten in ländlichen Regionen.

Ob die Fenster des Cottage auf einen mediterranen Olivenhain oder auf die hügelige Heide einer Moorlandschaft in Yorkshire hinausblickten, das alte Landhaus war immer mit Beispielen der regionalen Handwerkskunst ausgestattet. Abgesehen von den Stücken, die die Bewohner selbst fertigten, gab es nur wenige Schmuckelemente. Die meisten waren sowieso Gebrauchsgegenstände, beispielsweise bemalte Blechtassen, Kupferpfannen, Teppichklopfer aus Rohr und verzierte Hackmesser. Andere Objekte dienten dem Schutz der Bewohner. Auch Brauchtum und Volksglauben spielten eine Rolle. Durch Messingornamente am Pferdehalfter wollte man zum Beispiel den bösen Blick abwenden, während Getreidepüppchen im nächsten Jahr wieder eine gute Ernte sichern sollten. Diese Glücksbringer wurden aus der letzten Garbe der Vorjahrsernte geflochten, wobei die Schnitter diese Garbe durch einen gezielten Wurf ihrer Sichel zu Boden brachten.

In der finnischen Provinz Karelia lebten die Landarbeiter in Holzhäusern zusammen. Wenn jemand den Wohnraum betrat, verbeugte er sich zuerst vor dem Heiligenbild in der Ecke und dann vor dem heidnischen Pferdekopf bei der Feuerstelle. Dieser Pferdekopf hatte daneben auch noch eine praktische Funktion – er diente zum Garnsortieren.

Teppiche und Brücken wurden früher entweder von den Bewohnern selbst hergestellt oder von örtlichen Handwerkern, deren Talent ihren Lohn bei weitem übertraf. In den meisten Katen fand man solche Bodenbeläge erst Ende des 19. Jahrhunderts. Die heutige Vielfalt von Teppichen und Läufern, die den Boden der Landhäuser schmücken, ist ein Phänomen der Moderne. Vor zwei Jahrhunderten lagen Teppiche auf dem Tisch, Brücken auf den Betten und Bodentücher auf der Erde.

Der Bodenbelag bestand aus einem Stück Segel- oder Wachstuch, dessen Bemalung häufig die Astlöcher der Bodenbretter oder das Muster der Fliesen imitierte. Mitte des 19. Jahrhunderts trat dann das Linoleum auf den Plan, das ebenfalls die Maserung des Bodens nachahmte. Auch in Amerika waren Teppiche die Ausnahme und blanke, lackierte oder bemalte Bodenbretter die Regel. Als die Shaker gegen Ende des letzten Jahrhunderts eine etwas großzügigere Einstellung zu Schmuck entwickelten, begannen sie mit der Herstellung von Vorlegern und Teppichen.

Im Süden traf man Matten aus Stroh, Rohr und Binsen an, während im Norden Teppiche vorherrschten. Besonders dick war ein Bodenbelag, bei dem man bunte Stoffstreifen, die mit festem Wollgarn verknüpft waren, miteinander verwebte. Vermutlich aus Skandinavien kam ein Teppich, bei dem man Stoffschlingen in eine feste Unterlage einarbeitete, wodurch ein dichter Flor entstand. Als Unterlage diente häufig grobes Segeltuch oder ein alter Kartoffelsack.

WARME VORHÄNGE

Einst waren handgemachte Textilien aus dem Material der Region die einzigen Stoffelemente in einem Landhaus. Verzierungen setzten sich bei der Innenausstattung erst Ende des 19. Jahrhunderts durch.

BLICKFÄNGE

DIE EIGENE AUSSTELLUNG

In vielen Landhäusern wurden Kräuter, Salzfässer und Nahrungsmittel in Einbauschränken und -regalen aufbewahrt (rechts). In diesem englischen Cottage wurde der Alkoven durch eine Bogen-»Haube« und bemalte Fensterläden in ein Trompe-l'œil *verwandelt (oben).*

Von Sammlern liebevoll zusammengetragene Objekte sind ein wesentlicher Bestandteil im Wohnraum des modernen Landhauses. Hierzu zählen bemalte Keramiken, die Holzregale schmücken, ebenso Kupferpfannen, die von Eichenbalken hängen, und Aquarelle, die die Wände zieren.

Wer solche Schätze aufstellt, sollte der farblichen Gestaltung besondere Aufmerksamkeit schenken. Jede Bemalung oder Verzierung muß auf den Hintergrund abgestimmt sein. Leuchtendblaue Regale etwa bilden einen interessanten Gegensatz zu einer minzgrünen Wand.

Bestehende Nischen oder Ecken sollten, wo immer möglich, als »Ausstellungsfläche« genutzt werden. Auf nicht benötigten Durch-

reichen, in Fensternischen und auf breiten Fensterbrettern kommen die Schätze bestens zur Geltung.

Alte Anrichten, die auch als Stauraum dienen, Einbauregale, Schränke, Kamingesims und Herdecken eignen sich ebenfalls für die wirkungsvolle Präsentation von Sammlerstücken.

KAPITEL 4

Schlafräume

Geneigte Dachbalken, niedrige Decken und sorgsamer Umgang mit den beschränkten Räumlichkeiten lassen warme, gemütliche und einfache Schlafräume entstehen. Diese befinden sich häufig im Speicher, wo das Morgenlicht einst auf über den Boden verteilte Obst- und Getreidevorräte fiel. Im 19. Jahrhundert tat es der Häusler seinen wohlhabenderen Nachbarn nach und verwandelte seinen Vorratsraum in ein Schlafzimmer. Kastenbetten und Schlafbänke wurden durch Betten aus Gußeisen und Messing ersetzt, die neuen Schlafkomfort boten. Baumwolldecken und bunte Steppdecken traten an die Stelle von Schafhäuten und Fellen. Hölzerne Waschtische, Wasserkrüge aus Porzellan, Bettvorleger und geblümte Vorhänge kamen in Mode.

Noch später als der separate Schlafraum hielt das Badezimmer Einzug in die alte Kate. Doch unsere modernen Landhäuschen verfügen über beides, wenngleich diese Schlaf- und Badezimmer selten groß und luxuriös, sondern meist bescheiden, fröhlich und gemütlich sind.

GESUNDER SCHLAF

Die gedämpfte rosa Farbe dieses skandinavischen Schlafzimmers wird durch die Gartenblumen und die Wandgirlande dieses hübschen Trompe-l'œil noch verschönt. Die gebleichten Bodenbretter passen bestens zu dem grob gestrichenen Stuhl und dem Wandtisch.

SCHLAFZIMMER

Noch vor einem Jahrhundert war die mittelalterliche Sitte, an der Feuerstelle zu schlafen, in Europa weit verbreitet. Bettschränke, Schlafbänke oder eine in die Seitenwand der Küche eingelassene Steinplatte dienten als Ruhestätten. Als der Häusler dann nicht länger in der Küche schlafen wollte, entstanden entsprechend den verschiedenen Häuschen auch unterschiedliche Schlafräume.

Die Leute, die sich nicht vom warmen Hauptraum trennen wollten, bauten direkt an die Küche ein Schlafzimmer an, das meist nicht größer als das Bett der Familie war. Dieser Anbau, den man häufig in Nordamerika und Nordirland antrifft, wurde oft durch eine Decke aus Gras- oder Binsengeflecht isoliert. Später beklebte man die Decke häufig mit alten Zeitungen und übertünchte diese mit weißer Farbe.

Die Form des Hausdaches hatte entscheidenden Einfluß auf die Entstehung von Schlafräumen im Obergeschoß. Im unwirtlichen, windigen Heideland und auf den weiten Ebenen der Küstenregionen duckte sich die Kate nahe an den Boden, und der Dachraum war kaum nennenswert. In den freundlicheren, fruchtbaren Niederungen dagegen war das Häuschen oft zweistöckig. Im Hochland, wo die Winter lang und die Schneefälle ergiebig waren, ragten die Dächer steil in die Höhe und beherbergten oft eine Vielzahl von Dachgeschoßräumen.

In größeren Häusern wand sich eine Steintreppe hinter der Feuerstelle ins Dachgeschoß hinauf. Manchmal führte auch eine steile Holztreppe direkt von der Küche in den Speicher. Knapp über dem Boden liegende Giebelfenster erhellten den Speicher, der in eine Bettgallerie und einen zweiten abgeschlossenen Raum unterteilt werden konnte. Das beste Bett, das sich den Raum mit Apfelvorräten, Wolle oder Getreide teilte, stand direkt über der beheizten Küche. Oft plazierte man einen Diwan über der warmen Küchenausbuchtung, in der Schinken und Kräuter hingen.

Einige Katen, wie das walisische croglofft, waren so klein, daß man keine Treppe einbauen konnte. (Nachdem Wales ein Land kleiner Häuschen ist, kennt das Walisische so viele Worte für Kate wie die Eskimos für Schnee.) Das croglofft besaß im Erdgeschoß zwei Zimmer, eine von Dachbalken überragte Küche und einen Wohnraum, über dem ein Schlafraum untergebracht war. Seine Decke wurde auch hier von einem Stroh- oder Binsengeflecht isoliert. Das Bett erreichte man nicht über eine Treppe, sondern über eine Speicherleiter.

Das Schlafzimmer der modernen Kate sollte Ruhe und Entspannung bieten, in seiner Gestaltung weder überladen noch streng sein und die traditionellen Elemente der Region widerspiegeln. Eine Kombination aus sanften Farben und verschiedenen natürlichen Geweben und Materialien schafft die gewünschte Atmosphäre.

Auch hier waren handgearbeitete Teppiche, Möbel und Stoffe einst die einzigen Schmuckstücke. Aus diesem Grund sollte man sich bei der Planung des Schlafraumes auf traditionelle Elemente besinnen. Einzelne Kommoden und Schränke sind Einbauwänden vorzuziehen. Individuelle Betten sind geeigneter als Diwans aus der Massenproduktion. Stoffe sollten einfache Blumenmuster oder gedämpfte Karos aufweisen. Auch Uneinsehbarkeit des Raumes sowie Lichtverhältnisse müssen berücksichtigt werden. Zarte Spitzen- oder Musselingardinen passen bestens ins ländliche Schlafzimmer. Doch ist, bevor man die dichteren Vorhänge wegpackt, zu bedenken, ob man den Lärm oder grelles Sonnenlicht wirklich aussperren will.

IM LUXUS RUHEN

Dieses großartige vierpfostige Bett mit seinem weißen Baldachin (rechts) blickt direkt auf den Garten hinaus. Ein großzügiger Spitzenvorhang schützt vor neugierigen Blicken.

DIE GESTALTUNG DES SCHLAFZIMMERS

MIT DER SONNE AUFWACHEN

Sparsame, einfache Gestaltung und die Verwendung traditioneller Einrichtungsgegenstände haben dieses zusätzliche Schlafzimmer in einen willkommenen Zufluchtsort verwandelt (links oben). Ein Quilt aus der Region als Tagesdecke, der Fleckerlteppich, die Deckentruhe, das Holzbett und die Bauerntür mit ihren Längsbrettern schaffen eine gemütliche, ländliche, von natürlichen Materialien bestimmte Atmosphäre.

Die sinnvolle Verwendung von Licht ist besonders auf dem Land wichtig, wo Tageslicht meist in Hülle und Fülle vorhanden ist. Auf der einen Seite des Gebäudes blicken die Fenster auf die gedämpften Farben eines Sonnenuntergangs, während die auf der anderen Seite das Morgenlicht begrüßen. Dieses Schlafzimmer (links unten), das Fenster nach zwei Seiten besitzt, fängt abends die letzten und morgens die ersten Sonnenstrahlen ein. Der Kachelofen an der Wand erwärmt die kühle Morgenluft. Angenehm geräumige Zimmer wie diese können als Wohn- und als Arbeitsraum dienen.

ELEGANT ODER BÄUERLICH,
BEIDES IST MÖGLICH

Vor einhundert Jahren bestand die Schlafkammer des durchschnittlichen Häuslers aus einem winzigen Raum, der sich unter der Traufe des Hauses duckte. Heute sind die Schlafzimmer häufig ehemalige Wohnräume.

Diese Abbildungen zeigen zwei höchst unterschiedliche Schlafräume im Erdgeschoß: ein kühn und elegant gestaltetes Zimmer und eine eher gemütliche Variante. Zwei Bettgestelle aus schwarzem Eisen (links oben) stehen auf den Terrakotta-Fliesen eines ruhigen, cremefarbigen Raums. An kalten Abenden sorgt der Kamin in diesem ehemaligen Wohnzimmer für Behaglichkeit.

Auch in dieser ehemaligen Küche (links unten) wurde die eindrucksvolle Feuerstelle beibehalten und bildet nun den Mittelpunkt des Zimmers. Die Stalltür, die direkt in den Garten führt, der bäuerliche Waschtisch und der praktische Schrank neben dem Kamin vermitteln eine angenehme ländliche Atmosphäre.

BETTEN

Die heutige Annahme, daß wir ein Drittel unseres Lebens im Bett verbringen, galt nicht in früheren Zeiten, als der Arbeitstag bei Tagesanbruch oder noch eher begann. Trotzdem wollte der Häusler bequem ruhen.

Die gesellschaftlichen Schranken verhinderten den sozialen Aufstieg der ärmeren Bevölkerungsschichten. Doch sorgte der Bedarf an Dienstboten dafür, daß sie Einblick in die Schlafgewohnheiten der Wohlhabenden erhielten. Als die Armen sahen, daß es Menschen gab, die auf mit Federn oder gekämmter Wolle gefüllten Matratzen schliefen und sich in einem mit Vorhängen umgebenen vierpfostigen Bett zur Ruhe legten, wollten auch sie nicht länger auf Strohmatratzen schlafen und an altmodischen, meist unbequemen Schrankbetten festhalten.

Ein aufstrebender freier Bauer stellte sich eine ordentliche Reproduktion eines vierpfostigen elisabethanischen Bettes mit Überwürfen und Vorhängen ins Zimmer. Das Kopfteil enthielt manchmal einen kleinen Schrank. Auf einem zusätzlichen Brett oder Regal stand häufig eine Kerze oder ein Binsenlicht, was die Feuergefahr im Cottage erheblich erhöhte.

Doch in den kleinen Landhäuschen hieß es Platz sparen. Ein Rollbett, das einem kleinen Diwan auf Rädern ähnelte, konnte während des Tages unter dem Hauptbett verstaut werden. Das Klappbett sah untertags wie eine Kommode aus. Und das nützliche Bankbett, das in Nordamerika und Irland beliebt war, konnte zu einem Sitz oder einer flachen Anrichte zusammengeklappt werden. Ein weiteres tragbares Bett bestand aus Kopf- und Fußteil, die mit einem Seilgeflecht verbunden waren und nachts an einem Bettbrett befestigt wurden.

Das bretonische und skandinavische Schrankbett sparte sowohl Wärme als auch Platz. Oberhalb des elterlichen Bettes befand sich oft noch eine Schlafkoje für die Kinder. Front und Seiten waren mit bemalten Holzpaneelen verziert. An einer Vorhangstange befestigte Wollgardinen wurden nachts zugezogen und halfen so, die Wärme zu speichern. Andere Betten waren in die Katenwand neben der Feuerstelle eingebaut und wurden tagsüber durch zwei getäfelte Türen geschlossen, die gleichzeitig die Rückseite der Ofenbank bildeten.

In wärmeren Gefilden schliefen die Häusler in sogenannten »Stummelbetten«, die nur ein Kopfteil, aber kein Fußteil besaßen. Die Matratze lag auf einem Geflecht aus Binsen oder Tauen, wobei zwischen Geflecht und Matratze noch eine Matte aus Binsen oder Segeltuch eingelegt wurde. Im Laufe des 18. und 19. Jahrhunderts setzten sich allmählich die schmiedeeiserne Bettstatt, die in Italien bereits verbreitet war, und das Messingbett in allen Gesellschaftsschichten durch. Damit wurde das alte Geflecht durch Sprungfedern ersetzt.

Die teuersten traditionellen Matratzen waren mit Schwanendaunen gefüllt, während die Häusler gewöhnlich Heidekraut, Tierhaare oder gar Buchenblätter verwendeten. Um bequemer zu ruhen, legte man mehrere Matratzen aufeinander. Kardinal Wolsey schlief im 17. Jahrhundert auf nicht weniger als acht Matratzen. Textilien wurden auch weiterhin in Heimarbeit hergestellt. Zusätzlich zu Leintüchern, Decken und Fellen lagen Tagesdecken und handgemachte Patchwork-Quilts auf den Betten und verliehen dem ländlichen Schlafzimmer einen interessanten Farbtupfen.

SCHRANKBETTEN

Dieses schöne Schrankbett umfaßt einen hinter Vorhängen verborgenen Schlafplatz und eine oben gelegene Schlafkoje. Das Schrankbett, das einst in ganz Skandinavien, Nordfrankreich und Großbritannien verbreitet war, eignet sich auch heute noch als Schlafstatt für Kinder.

BETTEN UND BETTZEUG

◆ *Auch ein gutes Bett hält nicht ewig. Doch mit einer hochwertigen Matratze und hübschem Bettzeug versehen, sind die hier abgebildeten traditionellen Betten nicht nur bequem, sondern auch von ansprechender Wirkung. Auf diesem amerikanischen Holzbett (links oben) mit seinen eindrucksvollen gedrehten Pfosten und der dicken Matratze liegt ein schöner traditioneller Quilt.*

◆ *In den Katen fanden sich nur selten große Familienbetten. Bankbetten, wie dieses grün bemalte Exemplar aus Finnland (links unten außen), waren eine ideale Lösung. Untertags dienten sie als Sitzbank, und nachts versah man sie mit einer Matratze aus Heidekraut, Stroh oder gekämmter Wolle und benutzte sie als Schlafstelle.*

◆ *Metallene Bettstätten (links unten) waren bis zum Anfang des 20. Jahrhunderts typisch für Landhäuser. Heute werden viele wieder aus der Versenkung geholt, restauriert und neu gestrichen.*

◆ *Bei dieser eisernen Bettstatt (rechts oben) ergänzt ein Spitzenvolant die weiße Bettdecke. Leichtes Spitzenbettzeug (rechts unten) bildet einen wirkungsvollen Gegensatz zum geschnitzten Kopfteil aus dunklem Holz. Ein anderes traditionelles Bett, das nordeuropäische Feldbett (rechts unten außen), wird durch ein geschnitztes Kopf- und Fußende verschönt.*

QUILTS – BETTÜBERWÜRFE

Lange bevor das Steppen während der Herrschaft der englischen Königin Anne im 18. Jahrhundert allgemeine Beliebtheit erlangte, stellten die Häuslerinnen wichtige Gegenstände des täglichen Leben, wie Bettüberwürfe und Kleidungsstücke, in geschickten Stepptechniken selbst her. In den folgenden drei Jahrhunderten wurde diese Tradition von amerikanischen Siedlern und anderen Europäern aufrechterhalten.

Die Frauen bestaubten ihre von der Arbeit schmutzigen Finger mit Talkumpuder und vernähten ihre Stoffreste zu farbigen Flächen, die anschließend gequiltet wurden. Diese Arbeit war ein wichtiger Bestandteil der Heimarbeit. Angesichts des Preises von eingeführtem Tuch wurde vor der Entwicklung der Webindustrie in Amerika kein Stück Stoff verschwendet.

Zu den Decken, die von den Häuslern traditionell hergestellt wurden, gehörten fein gearbeitete weiße Steppdecken, die im Schrank aufbewahrt wurden, bis man sie zur Aufbahrung eines Toten benötigte. Leichte Leintücher mit Stickereien oder Applikationen dienten als Sommerdecken, und dickeres Sergetuch, das mit braunem Papier und Flanell verstärkt wurde, wärmte die Menschen im Winter. Gesteppte Wolldecken wirkten schöner, wenn man ihnen einen zusätzlichen Quilt aufknöpfte. Neben Decken

entstanden auch Unterröcke, Tischtücher, Sitzkissen, Matten, Kissen und Polster. Dem Einfallsreichtum der Häusler setzte lediglich der Vorrat an Garnen, Stoffen und Tageslicht Grenzen.

Die Arbeit begann meist nach dem traditionellen Frühjahrsputz und dauerte, bis die Tage wieder kürzer wurden. Beim Quilten konnte man den Kindern das Nähen beibringen, und Generationen von Frauen gaben die Muster an ihre Töchter weiter. Manchmal kamen die Frauen zusammen, um gemeinsam an einem Quilt zu arbeiten, der das traditionelle Hochzeitsgeschenk für eine ihrer Schwestern wurde.

Aber nicht nur Frauen widmeten sich der Kunst des Quiltens. Es gab auch Männer dabei und Markierer (Leute, die Quilt-Muster aufzeichneten), die von Gemeinde zu Gemeinde zogen und von dieser Fertigkeit lebten. Einer von ihnen war Joe the Quilter, der 1862 in seinem Cottage in Northumberland ermordet wurde. Er war das Opfer örtlicher Klatschbasen, die das Gerücht verbreitet hatten, daß ihn seine Kunst reich gemacht hätte. Wie andere Handwerker in ländlichen Gebieten war Joe so arm wie seine Nachbarn, und die Täter, die nie gefaßt wurden, verließen die Stätte ihres Verbrechens mit leeren Händen.

Neben den europäischen Auswanderern, die ihre Fertigkeiten in die Neue Welt brachten, leisteten auch die reisenden Quilter einen wichtigen Beitrag zur Verbreitung regionaler Muster. Die Quilt-Kunst blühte nicht nur in Nordamerika, sondern auch in den kleinen Gemeinden Nordenglands, Wales und Irlands, vor allem in Bergwerkssiedlungen in Durham, Northumberland und den walisischen Tälern.

Gelungene Muster erforderten Planung, Skizzen und Experimentierfreudigkeit. Der Familien-Quilt war weniger anspruchsvoll. Das Muster der Gebrauchsdecke entwickelte sich bei der Herstellung, wenngleich die Verwendung von Holz- oder Blechschablonen und traditionelle Motive, wie Tulpen, Federn und Herzen, das Aussehen beeinflußten. Und auch der Aberglaube spielte beim Quilten eine Rolle. So hielt man es für ein böses Omen, wenn bei der Herstellung eines Hochzeits-Quilts das fortlaufende Muster unterbrochen wurde. Aus diesem Grund legte man bei solchen Quilts besonderes Augenmerk auf die feinen Einzelheiten.

QUILT-ZAUBER

Stickerei und die Herstellung bunter Patchwork-Quilts machten auf beiden Seiten des Atlantiks einen beträchtlichen Teil der Volkskunst aus. Während des 18. Jahrhunderts wärmten Quilts den Schlafenden nicht nur nachts, sondern sie dienten ihm tagsüber auch als Kleidung. Später wurden sie zum Symbol der Ehe. Ein amerikanisches Mädchen erwartete, daß ihre Mitgifttruhe dreizehn Quilts enthielt, wobei der dreizehnte ihre Hochzeits-Quilt war.

Muster wie diese (gegenüberliegende Seite) waren von der Natur inspiriert. Darstellungen von Eichenblättern, Truthahnspuren und Dornenkronen erfreuten sich besonderer Beliebtheit.

Auch das Lilienmuster (links), das man hier auf einem typischen amerikanischen Kolonialbett sieht, wurde häufig verwendet.

STOFFE FÜR DAS SCHLAFZIMMER

SCHLAFZIMMERSTOFFE

Die Bezüge in ländlichen Schlafzimmern sollten möglichst einfach sein. Besonders eignen sich schlicht gemusterte Naturstoffe in einfachen Farben, in einem kühlen Gelb, mit blauen Karos, aus Baumwollstoffen. Hübsch sind auch zarte Blüten auf weißem Grund. Gardinen wirken in voller Länge behaglicher und verleihen der einfachen Umgebung einen Hauch von Luxus.

Das Bettzeug sollte sich entweder in das gewählte Design einfügen oder einen Kontrast bilden. Kissen, Unterlagen und Überwürfe können auf großen Betten einen interessanten Farbfleck darstellen.

Bei diesem vierpfostigen Bett mit leichtem Baldachin (links) umhüllen durchsichtige weiße Gardinen nachts den Schlafenden. Der lange Volant und die Decke über dem Nachttisch ergänzen die Bettvorhänge.

Ein weißer Bettvorhang mit rosa Quasten (unten links) hebt das Bett von der rosa Wand des ländlichen Schlafzimmers ab. In ähnlicher Weise (unten rechts) wird hier ein Bett von langen weißen, von der Decke hängenden Seidenvorhängen umhüllt. Kopf- und Fußteil der schmalen Liegestatt sind schön beschnitzt und bringen das Geflecht vollendet zur Geltung.

Ein amerikanisches Holzbett (gegenüberliegende Seite) mit einem zarten, gebogenen Baldachin und interessantem Quastennetz schmückt diesen schlichten Schlafraum.

STAURAUM IM SCHLAFZIMMER

In den typischen südeuropäischen Häusern mit ihren hohen Decken waren freistehende Schränke als Stauraum bestens geeignet. Man kann Raum für diese Möbel schaffen, indem man das Bett in der Mitte des Zimmers plaziert oder unter das abgedichtete Fenster stellt.

Während in den alten Betten Leute schliefen, die meist kleiner waren als wir moderne Menschen, waren die damaligen Schränke für lange, fließende Kleider und für Anzüge gedacht. Durch Einbau einer zusätzlichen Kleiderstange kann man den Stauraum noch vergrößern.

Einen Alkoven kann man mit zur Wandfarbe passenden Vorhängen abtrennen, an einer hölzernen Vorhangstange oder einem Bambusrohr befestigt. Hinter den Vorhängen bringt man dann offene Regale oder Aufhängevorrichtungen für Kleider an. Der Platz zwischen Vorhangschiene und Decke kann als Ausstellungsfläche für eine Sammlung von alten Seemannskoffer oder Hutschachteln genutzt werden.

Um ein rechteckiges Zimmer zu erhalten, wurde häufig viel Raum unter dem Dach geopfert. Man kann den Alkoven ins Dach hinauf erweitern und die zusätzliche Fläche ins Schlafzimmer integrieren, indem man die Dachbalken freilegt und mit Isolationsmaterial und Fasergipsplatten abdichtet. In der Öffnung bringt man dann Kleiderstangen oder -haken sowie offene Regale an.

Die großen vierpfostigen Betten hatten gewöhnlich Stauraum im Kopfteil des Bettes. Man kann diese alte Idee aufgreifen, indem man das Kopfteil mit Schränken einrahmt. Die heute üblichen Einbauschränke passen oft nicht zum Stil der alten Landhäuschen. Man sollte statt dessen altes oder restauriertes Holz verwenden, das mit unterschiedlichen Schichten matter Emulsion lackiert wird und die Grundfarbe noch stellenweise durchscheinen läßt.

SKANDINAVISCHER PRUNK

Stattliche, schön bemalte Schränke (gegenüberliegende Seite) flankieren den Türrahmen dieses einfachen, doch eindrucksvollen holzgetäfelten Raumes.

NATÜRLICHE MATERIALIEN

Eine fast deckenhohe Herrenkommode wird durch zwei riesige Körbe mit Trockenzweigen vervollständigt. Der Holzboden harmoniert mit den natürlichen Farben und Strukturen der Möbel.

EFFEKTVOLLE ANSTRICHE

Die Geschichte des Landhäuschens wurde erst ab dem Ende des 19. Jahrhunderts umfassend dokumentiert. Wenngleich die Herstellungsmethoden der ländlichen Möbelstücke sorgfältig aufgezeichnet wurden, war es doch zu spät, die traditionellen Anstrichpraktiken in ihrer ganzen Fülle zu erfassen. Hierbei mußte man sich leider auf verblaßte Fragmente beschränken.

Die grundlegenden Bestandteile der Farbe waren Pigment und Medium. Ersteres wurde aus natürlichen und künstlichen Elementen gewonnen, letzteres aus pflanzlichen oder tierischen Bestandteilen, etwa Leinsamenöl für Ölfarben oder Wasser für Leimfarbe. Am

häufigsten wurde weiße Leimfarbe für die Hauswände verwendet. Die Innen- und Außenwände wurden großzügig mit Leim- oder Kalkfarbe aus gelöschtem Kalk getüncht. Häufig gab man dem Dach den gleichen Anstrich, da die Farbe als feuerhemmend galt. Früher mahlten die Menschen die Pigmente selbst und stellten nach streng gehüteten Rezepten geheime Mixturen her. Doch beliebte Farbstoffe wie Rot und Ocker sowie bläulicher Grünspan und aus Kupfersulfat gewonnene Blautöne waren offene Geheimnisse und wurden je nach modischem Geschmack eingesetzt. Die Farben wurden in Einklang mit den verfügbaren Materialien kühn

und einfallsreich eingesetzt. Beliebt waren ein in Höhe der Taille angebrachtes Band aus roter Farbe, gelbgrüne und tiefblaue Decken und Wände, künstliche Körnung und Marmorstrukturierung der Wände, sowie eine Täfelung, die man entweder mit Ölfarbe strich oder mit Weinranken, Blättern und Blüten verzierte. Bei der Restaurierung einer Kate stößt man gelegentlich auf Spuren alter Malereien. Mit leuchtenden Blüten- oder Zickzackmustern geschmückte Balken und hübsche Fresken, bei denen die Farbe auf dem noch feuchten Gips aufgetragen wurde, verbergen sich bisweilen hinter mehreren Tapetenschichten.

FARBTÖNE AUS EIGENER HERSTELLUNG

Für die grob verputzten Wände der meisten Landhäuschen (gegenüberliegende Seite) verwendete man gewöhnlich getönte Leimfarbe. Zu den Farbstoffen gehörten natürliche Mittel, zum Beispiel Ochsenblut, Ruß, Holzkohle sowie Pflanzenextrakte.

SCHMÜCKENDE BLUMENMUSTER

Das Äußere der Kate war einfach und schmucklos. Doch im Innern legten auch schon die Häusler großen Wert auf schmückende Elemente (oben). Die Entdeckung einer alten Freske oder einer Wandbemalung gibt Grund zum Feiern und zu sorgfältiger Restauration.

LÄNDLICHE BADEZIMMER

Ende des 19. Jahrhunderts wurden die ersten Badezimmer eingerichtet. Man verwendete häufig den kleinsten Raum im Haus und plazierte das Bad gern im rückwärtigen Erdgeschoß. Viele Bäder sind hier, auf der kalten Seite des Hauses, geblieben. Wenn es die Lage der Be- und Entwässerungsrohre zuläßt, können neue Besitzer eine angenehmere Lage für ihr Badezimmer wählen. Landhäuser haben meist einen schönen Ausblick und sehen sicherlich mehr Sonne als ihre städtischen Gegenstücke. Wenn das Bad uneinsehbar ist, reicht oft eine Kaffeehausgardine oder ein durchsichtiger Store über dem Fenster, und die Benutzer können den Ausblick auf den sonnigen Garten genießen.

Wie schon in der Küche wird auch im Bad die Gestaltung von festen Einbauten diktiert. Aber nachdem hier die traditionelle Vorlage fehlt, können die Bewohner ihrer Phantasie freien Lauf lassen und einen Raum schaffen, der Bequemlichkeit mit Funktionalität vereint.

Ein Korkboden oder ein dickes Korkbrett schützt die Füße gegen die Kälte von Terrakotta-Fliesen. Weiches, indirektes Licht, warme Farben und eine wasserdichte Wandverkleidung in Form von Fliesen oder Holzvertäfelung schaffen eine angenehme Atmosphäre. Eine bis zur Decke reichende Holzwand kann ein Bad erdrücken, während am Fensterbrett endende Nut-und-Feder-Bretter, die passend zu Wand und Decke gestrichen sind, die Abflußrohre von Bad, Becken und Wasserquelle verbergen. Das durch die Vertäfelung entstehende Wandregal eignet sich als Stellfläche für Kuriositäten, beispielsweise bizarr geformtes Treibholz oder eine einfache, mit getrockneten Gräsern gefüllte Vase, und ebenso für Seife, Shampooflaschen und Zahnbürsten.

Man kann auch schmale Regale und kleine Schränkchen in die Brettverschalung einbauen und dadurch wichtigen Stauraum für Zubehör und Handtücher gewinnen. Ebenso eignet sich ein restaurierter hölzerner Waschtisch oder ein alter Wäschekorb aus Binsen für diesen Zweck.

Die Geschichte des ländlichen Badezimmers ist kurz. Moderne Bäder, Becken und Duschen waren in einem Haus, in dem die Wasserversorgung vom Inhalt des Regenfasses und der Gartenquelle abhängig war, von geringem Nutzen. Bis zum Beginn des 20. Jahrhunderts reichten der Bauernfamilie Zinkbadewanne, Nachtgeschirr und das stille Örtchen oder »das Häuschen« am Ende des Gartens. Zinkbadewanne oder Sitzbad warteten, an einem Haken auf dem Abort aufgehängt, auf ihren Einsatz, wobei sich die Sitzwanne besonders zur Behandlung eines wunden Gesäßes empfahl. Am Badetag stand die mit heißem Wasser gefüllte Wanne vor dem Küchenfeuer. Nachdem die ganze Familie ein Bad genommen hatte, wurde das Wasser am Abend wieder ausgeschöpft.

EIN KÜHLER ZUFLUCHTSORT
Wenn ein ländliches Badezimmer von Grund auf neu geplant wird, hat der Hausbesitzer Gelegenheit, einen Raum zu schaffen, der in erfrischend neutralen Tönen gehalten ist.

Das ideale Badezimmer wurde von einem Architekten als Raum definiert, in dem man sich nackt wohl fühlt. Wenn das Bad diesem Anspruch nicht gerecht wird, sollte man es umbauen oder an einer wärmeren, gemütlicheren Stelle einrichten.

Falls Sie die Miniaturausgabe eines Badezimmers geerbt haben, sind Ihnen platzsparende Ideen willkommen. Kann das Bad vielleicht in einem großen Schlafzimmer untergebracht und an seinem bisherigen Platz eine Dusche eingebaut werden? Würde eine Spiegelwand dem Raum einen geräumigeren, luftigeren Eindruck verleihen? Könnte man das Problem lösen, indem man Bad und Dusche an der hinteren Wand eingebaut?

In einem kühlen, geräumigen Bad sollte man warme Effekte anstreben. Eine Badevorlage, ein altmodischer, mit roter Farbe gestrichener Heizkörper aus Gußeisen, üppige Samtvorhänge und ein farbiger Anstrich machen den Raum behaglich. Weiße Fliesen können durch solche in leuchtenden Mittelmeerfarben ersetzt werden. Oder man gibt alten Fliesen einen eierschalenfarbenen Anstrich mit einer anschließenden Schicht Klarlack.

Die alte Wanne kann durch eine kleinere ersetzt werden, die man in der Mitte des Raumes und nicht – wie sonst üblich – an der Wand plaziert. Nut-und-Feder-Bretter laufen bis auf halbe Raumhöhe und werden passend zur Wand getüncht. Stellen Sie einen Frisiertisch und zwei bunte Rattanstühle auf, und installieren Sie hölzerne Fensterläden, die Licht einlassen und vor Blicken schützen.

Ein geräumiges Bad eignet sich für eine große, luxuriöse Badewanne, die auf klauenähnlichen Füßen frei im Raum steht. Eine kleinere Zweidrittelwanne, die weniger Wasser verschwendet, kann mit restaurierten Bodenbrettern aus Mahagoni verschalt werden.

Wie anderen Räumen verleihen Details auch dem Bad seinen besonderen Charakter. Rohrkörbe und Kerzen, Grünpflanzen und Treibholz, Muscheln und Segelboote – hier sind Ihrer Phantasie keine Grenzen gesetzt.

FLIESEN ÜBER FLIESEN

Eine wundervoll bizarre Fliesensammlung verleiht diesem Bad sein besonderes Flair. Die bemalte, im Raum plazierte Wanne nutzt die verfügbare Fläche vollkommen aus. Der Teppich vermittelt einen Hauch von Luxus.

Die Planung des Badezimmers

◆ *Kondensation und Dampf stellen in kleinen, schlecht belüfteten Bade-zimmern ein ewiges Problem dar. Wasser greift alte Ziegel- und Gipswände an und erzeugt die Art von Zimmervegetation, über die sich niemand freut. Behandeln Sie alte Wände mit einem wasserabweisenden Mittel oder ver-kleiden Sie sie mit einer dichtenden Membran und Fasergipsplatten. Ein nachträglich eingebautes Fenster oder ein Oberlicht, also eine Luft- und Lichteinfallsöffnung, im Fenster oder – bei einem fensterlosen Raum – in der Tür, sorgen für ausreichende Belüftung. Hier wurde die Wand mit einer meergrünen Holzvertäfelung verkleidet. Über der Wanne befindet sich ein praktisches Regal.*

◆ *Unter dem Verputz vieler Fachwerkhäuser verbirgt sich das elegante Skelett des Gebäudes. Man kann der alten Struktur zu neuem Glanz ver-helfen, indem man die Holzteile freilegt und die Flächen zwischen den Paneelen verputzt oder mit Fasergipsplatten auskleidet.*

◆ *Seit dem 19. Jahrhundert ist es Mode, alte Balken zu schwärzen. Man kann ihren ursprünglichen Naturton aber auch mit einer Drahtbürste oder Sandpapier wieder zum Vorschein bringen. Hier bilden die dunklen Balken und die weiß verputzten Flächen einen interessanten Hintergrund zu der dunkelroten Badewanne und der farbigen Einrichtung.*

◆ *Ein neues Badezimmer erfordert gründliche Planung. Mit Hilfe von maßstabsgetreuen Nachbildungen der Einrichtung kann man die beste Raumaufteilung bestimmen und den praktischsten Platz für Wäschekorb und Handtuchhalter finden.*

◆ *Kleine Räume benötigen platzsparende Elemente wie Schiebetüren und Einbauschränke. In größeren Räumen kann man zusätzliche Einzelstücke, wie einen freistehenden Schrank oder eine Chaiselongue, unterbringen. Dieser schöne Waschtisch aus schwarzem Holz und Marmor paßt bestens in das einfach gefliste südfranzösische Bad.*

◆ *Wenn man die Wanne von der Wand weg in den Raum rückt, kommt der Badende in den Genuß der Aussicht, die sich ihm durch das Fenster bietet. Regale oder Schränkchen für Seife, Badezusätze und Hautmilch sollten in Reichweite sein.*

◆ *In diesem hellgelben Raum mit seinen Nut-und-Feder-Brettern, dem Bodenbelag aus Kokosfaser und der auffallend blauen Badewanne war genug Platz für den alten Waschtisch. Deckenhohe Schränke bieten jede Menge Stauraum. Wenn genügend Platz vorhanden ist, sind Waschtische eine praktische Bereicherung für das Bad.*

KAPITEL 5

Der Cottage-Garten

Ein richtiger Cottage-Garten sollte mehr sein als die Summe seiner Teile. Ganz gleich, ob er einen mit Sträuchern umrahmten Rasen, einen blumenbestandenen Pfad oder ertragreiche Gemüsebeete umfaßt, seine Gesamtheit ist mehr als der rein gärtnerische Aspekt. Die Ernte aus dem Spargelbeet stillt den körperlichen Hunger, die Blütenpracht der Bougainvillea stillt das Auge, aber der Garten in seiner Ganzheit hat die Kraft, die Bedürfnisse der Seele zu befriedigen.

In seinen bescheidenen Anfängen war der Cottage-Garten eine willkürliche Ansammlung von Gemüse und üppig blühenden, anspruchslosen Blumen wie Rose, Stockrose und Geißblatt. Sein moderner Nachfolger dagegen ist oft eine Synthese aus formaler Gartenbaukunst und freier Anpflanzung. Wenn man eine strenge Anordnung von Kräutern etwa mit wuchernden Beeten kombiniert, kann solch ein Garten eine klare Gliederung mit ungezähmtem Wachstum vereinen. So entstehen in Farbe, Struktur und Atmosphäre getrennte Flächen, die Nützlichkeit und Schönheit verbinden.

DISKRETE ORDNUNG

Im scheinbaren Durcheinander des ländlichen Gartens herrscht diskrete Ordnung. Inmitten der Pracht von Fingerhut, Bartnelke, Malve, Klatschmohn und Kornblume, die entlang dem Kiesweg wuchern, hat jede Blume ihren angestammten Platz. Viele dieser klassischen Pflanzen wurden früher wegen ihrer kulinarischen oder heilkräftigen Eigenschaften angebaut.

ÖRTLICHE LANDSCHAFTEN

Ursprünglich waren die ländlichen Gärten praktische, ertragreiche Einheiten, deren Pflanzen wegen ihrer Heilkraft, aus Aberglauben und zu kulinarischen Zwecken angebaut wurden. Lavendel verscheuchte Flöhe, und Natterwurz hielt Krankheiten fern, Lauch schützte vor Blitzschlag und die Eberesche vor Zauberei.

Gezielter Anbau wurde möglich, als man begann, Pflanzen zu ziehen und Samen zu sammeln und aufzubewahren. Zwischen den Gärtnern, die in den großen Landhäusern angestellt waren, und ihren bescheideneren dörflichen Nachbarn herrschte ein reger Austausch von Pflanzen. Im Gegensatz zu den herrschaftlichen Gärten, die nach formellen Gesichtspunkten streng gestaltet waren, folgten die Cottage-Gärten keinen Regeln und Mustern. Wenngleich die Pflanzen scheinbar wild wucherten, hatte doch jede einen bestimmten Zweck. Kräuter waren auf Grund ihrer nützlichen und dekorativen Eigenschaften besonders beliebte Gartenpflanzen. Duftender Ysop wurde auf dem Katenboden ausgestreut; Angelika- und Rosmarinsamen wurden über einer kleinen Flamme gekocht und erfüllten dann das ganze Haus mit ihrem Duft; Zitronenmelisse wurde zum Polieren und Einreiben von Eichenmöbeln verwendet.

In den Niederungen am Mittelmeer sehen viele Gärten noch genauso aus wie vor einigen Jahrhunderten. Der mediterrane Häusler widmete sich dem Obst- und Gemüseanbau sowie der Viehzucht. Mal ließ er das Land vom Vieh abgrasen, mal ließ er es brach liegen. So waren fruchtbarer Boden und ökologisches Gleichgewicht sichergestellt. Das brachliegende Land mit seinen blühenden Wiesenblumen diente als Wiese; ein intensiv genutzter Gemüsegarten versorgte den Haushalt mit frischem Gemüse; und Schafe und Hühner hielten das Gras zwischen den Obstbäumen kurz.

Die Engländer gehörten zu den ersten, die Pflanzen nur wegen ihrer Schönheit ausbrachten. Anfang des 20. Jahrhunderts nahm der traditionelle Cottage-Garten mit seinen wild wuchernden Malven und Rosen sowie den ordentlich aufgereihten Zwiebeln und Erbsen allmählich klare Gestalt an. Bald fand man diese typische Gartenform im ganzen Land, und auch internationale Gartenbauer ließen sich von ihr beeinflussen.

Im Laufe der Zeit wurde der bäuerliche Garten auch von seinen vornehmeren Vorgängern geprägt. Merkmale des formellen Gartens, wie ein von Sträuchern umgebener Küchengarten, eine ordentliche Grasnarbe, Rosenlauben und in Form geschnittene Bäume, wurden in verkleinerter Version in den Cottage-Garten eingegliedert. Nachdem der kleine Garten heute nicht mehr von dicht bewachsenen, sorglos bepflanzten Blumenrabatten eingeengt wird, kann er eine Vielzahl von Miniaturlandschaften in sich vereinen – Bäume und Wasser, Stein- und Rosengärten, Ziergärten und Parklandschaften – und dabei doch sein typisches Gesicht bewahren.

Man muß viel Zeit haben und hart arbeiten, um einen schönen Garten zu schaffen, doch die Mühe lohnt sich. Auch wenn die Bewohner sich aus Zeitgründen darauf beschränken, das Unkraut zu jäten und jedes Frühjahr ein paar Geranien auf dem Dorfmarkt zu erstehen, werden sie die Arbeit in der freien Natur doch genießen. Die ländliche Landschaft war ursprünglich ein Fleckerlteppich aus Feldern, Wäldern, Heide und Hügeln, die durch Hecken, Gräben und Steinmauern voneinander getrennt und gleichzeitig miteinander verbunden waren. Das letzte halbe Jahrhundert hat diese Landschaft fast bis zur Unkenntlichkeit verändert. Um die Landwirtschaft effizienter zu gestalten, wurden kleine Äcker zu riesigen Feldern zusammengelegt; Moore wurden trockengelegt und in Ackerland umgewandelt; Wälder wurden gerodet und als Weideflächen nutzbar gemacht. Diese Veränderungen, die die notwendigen Arbeitskräfte zu verringern halfen und den Einsatz von Maschinen erleichtern sollten, haben die Landschaft stärker verändert als irgendein anderes Ereignis in den letzten zweihundert Jahren.

Auch die Cottage-Gärten sind aus ähnlichen Gründen zu einem Spiegel der neuen Zeit geworden. In den ersten Jahren nach dem Krieg empfahlen Gartenbücher eine Gestaltungsweise, die pflegeleicht, ordentlich und langweilig war: Das arbeitsaufwendige Gemüsebeet wurde in eine Grasfläche verwandelt, die Anordnung der Obstbäume dem elektrischen Rasenmäher angepaßt, und die Blumenbeete wurden zu kleinen, überschaubaren Flächen.

Doch der Charme der ländlichen Region liegt in ihrer Vielfalt: geheimnisvolle Pfade, die sich an mit Hecken bepflanzten Wiesen entlangschlängeln; holprige Wege, auf denen man durch alte, fruchtbare Wälder wandert; oder eine Steinbrücke, die über einen Wildbach führt. Traurig über den Verlust dieser Vielfalt bemühen sich viele umweltbewußte Gärtner, den ehemaligen Reichtum der Landschaft wenigstens in ihrem eigenen Garten einzufangen.

BLÜTENPRACHT

Dieses kleine, von den Ranken einer Kletterpflanze überwachsene Haus blickt auf einen fruchtbaren Garten in voller Blüte. In Steintrögen, die auf alten Sattelsteinen stehen, gedeihen noch weitere Blumen.

DIE GESTALTUNG DES COTTAGE-GARTENS

◆ *Um einen ländlichen Urwald zu vermeiden, müssen die verschiedenen Gartenteile miteinander verknüpft sein oder, wie Lutyens sagt, ein Rückgrat haben.*

◆ *Eine Möglichkeit, dies zu erreichen, besteht darin, die Teile durch einen gemeinsamen Pfad zu verbinden. Man kann auch die natürlichen Höhen und Senken des Gartens nutzen, um den Blick auf einen Anziehungspunkt, beispielsweise eine Laube, einen Gartenstuhl oder einen hübschen Ausblick, zu lenken.*

◆ *Hilfreich ist auch der Einsatz gleichartiger Trennelemente wie Buchenhecken oder niedrige, aus alten Ziegeln aufgeschichtete Mauern. Wenn diese Trennelemente örtliche Traditionen widerspiegeln, ist dies um so erfreulicher. Besonders geeignet sind Stein- oder Erdwälle, versehen mit einem Dach aus alten Ziegeln. Sie absorbieren die Mittagshitze und geben ihre Wärme während der Nacht langsam ab.*

◆ *Lage, Klima und Erdreich sind für die Gestaltung des Gartens von großer Bedeutung. Doch auch eine vielfältige Pflanzengemeinschaft aus Obstbäumen und -sträuchern, Blumen, Gemüse und Kräutern trägt wesentlich zum ökologischen Gleichgewicht bei.*

◆ *Gemüse kann in dichten Reihen in fruchtbarem Boden angebaut werden. Indem man Fruchtwechsel betreibt oder die Pflanzen jedes Jahr in einem anderen Teil des Gartens ansiedelt, schränkt man die Entwicklung von Ungeziefer und Krankheiten ein.*

◆ *Der gemischte Anbau von Gemüse und Blumen hat einen praktischen Nutzen: Kohlpflanzen, die sich zwischen Blumen verstecken, werden weniger von Schädlingen befallen.*

◆ *Ganz verschiedene Pflanzen eignen sich für die unterschiedlichen klimatischen Bedingungen. Doch man kann winzige Lebensräume, wie beispielsweise eine chemiefreie Zone für Wildblumen oder ein Feuchtbiotop für Farne, anlegen und dadurch eine Reihe unterschiedlicher, doch zusammenhängender Gärten schaffen.*

◆ *Der Cottage-Garten kann viele Gärten in sich vereinen: einen von Schneeglöckchen und Glockenblumen getupften Niederwald aus einigen kleinen Birken; einen Steingarten mit Mauerpfeffer und Steinkraut; ein duftendes Blütenparadies und eine mediterrane Terrassenanlage.*

ANPFLANZUNG

Die Malve oder Stockrose wird wegen ihrer hoch aufragenden Blütenstände gepflanzt, die im Sommer und Frühherbst eine wahre Blütenwand bilden. Sie gedeiht am besten an einem sonnigen Platz mit guter Entwässerung. Die Stockrose, die heute in jeden Bauerngarten gehört, wurde bereits im 15. Jahrhundert dort angepflanzt. Der Dichter John the Gardener (John der Gärtner) hat sie zusammen mit Fingerhut, Rose, Lavendel, Schlüsselblume und Katzenminze bereits 1440 in einem seiner Werke verewigt.

Heute wie früher gedeihen diese Blumen auf nährstoffreichem Boden. Die Blumenrabatten müssen im Herbst umgegraben, vom Unkraut befreit und mit einer großzügigen Schicht Kompost oder Dünger bedeckt werden. Diese Maßnahme sichert die Blütenpracht für den Frühling.

In einem Garten, der schon eine Weile besteht, müssen die Pflanzen ausgedünnt werden, um einen zu dichten Bewuchs zu verhindern. Wer einen Garten neu anlegt mit Pflanzen vom Gärtner oder Nachbarn, sollte ihre endgültige Höhe und Fülle berücksichtigen. Stockrosen, die oft eine Stütze brauchen, gedeihen am besten an einer sonnigen Wand im hinteren Teil des Blumenbeetes und bilden den Hintergrund zu niedrigen und mittelhohen Blumen.

STRUKTUREN UND BEGRENZUNGEN

Seit Entdeckungsgeist die Siedler in entfernte Gegenden des Globus gelockt hat, war der Cottage-Gärtner bemüht, die Schätze der Pflanzenjäger in seiner Erde heimisch zu machen. Die Chrysantheme, die 1689 von China nach Holland kam, hatte schon im 19. Jahrhundert ihren festen Platz im Garten. Die Tulpen, die 1554 aus Konstantinopel eintrafen, wurden im 17. Jahrhundert begehrte Sammelobjekte und etwa einhundert Jahre später zur Alltagsblume im europäischen Flachland. Tabak, Sonnenblumen und die Königin des Gemüses, die Kartoffel, wurden aus der Neuen Welt nach Europa eingeführt und schnell in den Cottage-Garten integriert.

Auch Gestaltungs- und Abgrenzungselemente im Garten wanderten von einem Land zum anderen. Stechpalme, Buchs, Eibe und andere immergrüne Hecken, von Rosen umrankte Pergolen, von Glyzinen überwucherte Spaliere, Trockenmauern und Zäune aus überlappendem Lärchenholz traten ihren modischen Siegeszug über die Grenzen hinweg an.

Doch dem ländlichen Gärtner war weniger an dem äußeren Erscheinungsbild und mehr daran gelegen, Tiere am Eindringen beziehungsweise am Weglaufen zu hindern. Der Häusler, der zuließ, daß sein wertvoller Bock zum Nachbarn hinüberstreunte und dessen Bohnenpflänzchen kostete, riskierte eine lebenslange Fehde. Die dänische Volksweisheit, daß »gute Zäune für gute Nachbarschaft« sorgen, galt früher ebenso wie heute.

Wie Steine und Holz für das ländliche Häuschen sammelte man auch das Zaunmaterial in nächster Umgebung. In der Provence und im Wallis klaubte man die Steine vom Feld und schichtete sie zu lockeren Wänden, die das Anwesen umgaben. In England pflanzte man Schwarzdorn (Schlehen), um das Vieh an seinem Platz zu halten. Eine gute Hecke war eine, die lediglich den Wind durchließ. In Nordwales und der Bretagne schuf man Viehgatter, indem man Schieferreste verkehrt in den Boden setzte und mit Drähten verband. In holzreichen Regionen stellte man aus schmalen Lärchenholz- oder Kastanienholzlatten Zaunbalken her. Das dünnere Niederholz diente als Stütze für die Bohnenpflanzen; es wurde auch fest an der Hausmauer verankert, um ein Gerüst für wilden Wein, Kletterrosen und andere Ranken zu bieten.

In großen Teilen der Vereinigten Staaten und Südeuropa gilt ein Zaun zwischen Haus und Straße als überflüssig und sogar abweisend. Doch der natürliche Schutz einer Fichtengruppe oder einer gekappten Baumreihe behütet Obstbäume und Reben vor kalten Winden und Regen. Wenn eine Baumhecke Teil der regionalen Umgebung ist, sollte sie auf jeden Fall gehegt und gepflegt werden. Wer einen natürlichen Baumbestand aus Weißdorn, Buche und Ulme fällt und durch einen Lattenzaun oder durch in Reih und Glied gepflanzte Nadelbäume ersetzt, tut weder der Landschaft noch der örtlichen Fauna einen Gefallen.

Heute stehen zahllose Materialien – von verzierten Betonblöcken über galvanisierte Drahtgebilde bis zu Plastikrahmen und -netzen – für den Cottage-Garten zur Verfügung. Doch für die ländliche Umgebung eignen sich Trennelemente aus Naturstoffen immer noch am besten. Italienische Pergolen, überdachte Gänge, die zu einer besonderen Stelle des Gartens führen, und Lauben sind bereits fertig in Geschäften für Gartenzubehör erhältlich. Man kann eine Pergola auch herstellen, indem man behandelte Latten auf einem Holz- oder Eisengerüst befestigt. Lauben bestehen häufig aus vorgeformten Draht- oder Eisenelementen, die allmählich unter einem Mantel aus Efeu und Clematis verschwinden. Natürliche Lauben kann man aus einer Gruppe von Haselnußsträuchern oder Hainbuchen bilden, indem man die Spitzen miteinander verknüpft und das Blattwerk von duftenden Kletterpflanzen, beispielsweise Jasmin und Geißblatt, überwuchern läßt.

EIN BOGENPAAR

Zwei bemalte Bögen stehen sich in einer ruhigen Ecke in einem Garten in New York State gegenüber. Eine Kombination von Kletterpflanzen, wie beispielsweise Clematis und Rose oder Geißblatt und Glyzine, geben diesem Gartenelement Farbe und Duft.

IN TÖPFEN, KÜBELN UND TRÖGEN

◆ *Kübelpflanzen machen den Garten mobil. Die Gärtner im Schloß von Versailles hatten fast zwei Millionen Pflanzkübel zur Hand, so daß sie den Ausblick schnell ändern konnten, während der Sonnenkönig seine Mahlzeit einnahm. Kübelpflanzen vergrößern die Blütenpracht eines noch so kleinen Gartens und verwandeln auch eine wenig erfolgversprechende Sammlung von Pflanzen zu einem Garten Eden.*

◆ *Diese sonst unproduktive Ecke (oben) wird von Kübeln und Trögen mit Blumen geschmückt. Behälter haben auch praktischen Wert. In Töpfen gezogene Kräuter können bei Bedarf in die Küche gebracht werden. Wild wuchernde Pflanzen wie Minze lassen sich bändigen, indem man sie in einer in der Erde vergrabenen Blechdose anbaut.*

◆ *Am Fuß eines ausgewachsenen Baumes herrschen für andere Pflanzen schlechte Bedingungen. Rote Geranien in Terrakotta-Töpfen (links) bilden einen ansprechenden Farbkreis.*

◆ *Frostempfindliche Pflanzen wie Geranien und Begonien können in ihren Töpfen an einem kühlen Ort überwintern. Diese Blumentöpfe aus Keramik (oben) werden bei kaltem Wetter ins Innere des Hauses gebracht.*

◆ *In Kübeln gezogene Sträucher (links) stehen im Sommer an einer kühlen Nordostwand. Im Winter finden sie an einer geschützten Südseite Zuflucht.*

◆ *Von einer vergoldeten Urne bis zu einem Paar Holzschuhe kann jedes Gefäß als Pflanzenbehälter dienen. Die Pflanze braucht lediglich Platz, um zu wachsen, gute Entwässerung und regelmäßiges Düngen. Stellen Sie sicher, daß der Boden des Topfes Abflußlöcher hat, und legen Sie kleine Steine oder Topfscherben auf diese Öffnungen, bevor Sie nährstoffreichen Kompost einfüllen und die Pflanze einsetzen.*

WINTERGÄRTEN

Der Wintergarten ist ein Bestandteil, den vor einem Jahrhundert niemand mit dem Landhäuschen in Verbindung gebracht hätte. Doch das hat sich geändert.

Viele Landhausbesitzer haben durch den Bau eines Wintergartens ein Stück Natur ins Haus gebracht. Der Wintergarten gilt auch als umweltfreundliche Ergänzung zu einem mit Solarzellen beheizten Haus.

In Anlehnung an seine großartigen viktorianischen Vorväter beheimatet der Wintergarten blühende Pflanzen und Sträucher in Kübeln. Das Mobiliar besteht aus Korbstühlen; weißes Segeltuch oder duftige Musselinvorhänge schützen vor der Hitze der Mittagssonne.

Die Begeisterung für den gläsernen Vorbau wurde von Leuten geweckt wie Decimus Burton, dem Erbauer des Palmenhauses in den Königlichen Botanischen Gärten in Kew, und Joseph Paxton, dem Gärtner im Londoner Kristallpalast. Im viktorianischen Zeitalter verwendete man die gleichen Materialien wie heute, nämlich Eisenrahmen und Glas, und installierte eine starke Heizung, damit sich die exotischen Pflanzen, die Verwandte aus fernen Ländern nach Hause schickten, in den kühleren Gefilden wohl fühlten.

Das französische Gewächshaus, ein Glasanbau, der als kleines Wohnzimmer benutzt wurde, war einfacher und eher mit unseren heutigen Wintergärten verwandt. Umgeben von Topfpflanzen in bleiverglasten Behältern, die ordentlich entlang dem Fensterbrett aufgestellt waren, saß die Familie abends auf Metallstühlen an einem Kaffeehaustisch mit Marmorplatte und trank gemütlich eine Flasche Bordeaux.

Doch nicht zu jedem Cottage paßt ein Wintergarten. Die Südfassade eines alten Fachwerkhauses verliert durch einen großen weißen Anbau aus Glas und Holz. In einem solchen Fall sollten die Besitzer lieber ein passendes Gartenhaus errichten. Man kann aber einen Teil des Hauses zum Sonnenzimmer erklären und eine Wand ab Fensterhöhe durch Glasscheiben ersetzen, wobei die Rahmen zu den Fenstern des Häuschens passen sollten. Eine weitere Möglichkeit besteht darin, einen einstöckigen Anbau mit gehärtetem Dachglas einzudecken.

Wintergarten oder Sonnenzimmer haben eines gemein: Beide entspringen dem Wunsch nach einem Leben im Freien. Ziegel- oder Fliesenböden, denen es nicht schadet, wenn beim Gießen der Sträucher und Blumen einmal etwas Wasser danebengeht, gute Belüftung und Schattenspender sind die Grundvoraussetzungen. Um eine Überhitzung des Wintergartens zu verhindern, kann man zum Beispiel auf der Außenseite wilden Wein pflanzen und diesen über das Haus ziehen. Die Trauben, die im Spätsommer über Ihrem Kopf heranreifen, entschädigen dafür, daß im Herbst zahllose Blätter weggefegt werden müssen.

Der große Vorteil eines modernen Wintergartens liegt in dem Gewinn an Wohnraum und Lebensqualität. Außerdem strömt dadurch häufig Licht in Räume, die zuvor dunkel und wenig heimelig waren. Der Wintergarten wird entweder zu einem eigenständigen Raum, der als Eßbereich oder zweites Wohnzimmer fungiert, oder er hat als Anbau zu Küche oder Speisezimmer eine ergänzende Aufgabe. Vielseitig, wie solche Anbauten nun einmal sind, können sie auch zu einem erweiterten Garten werden, der die Natur ins Zimmer bringt und die eigentliche Grünfläche im Freien vergrößert.

LEBEN IM FREIEN
Rot lackierte Stühle um einen alten Holztisch vermitteln den Eindruck eines Zimmers im Freien. Ein ausgewachsener Baum spendet Schatten; die Tür in den Garten wird von einem Steinbogen umrahmt (siehe Abbildung Seite 128/129).

ZIMMER IM FREIEN

◆ Das Leben auf der Terrasse oder der Veranda war schon immer ein erfreulicher Aspekt des Landlebens. Der geschützte Übergang vom Haus zum Garten verschafft den Bewohnern einen Zufluchtsort, wenn es für den Aufenthalt im Garten zu heiß oder zu kalt ist, und bietet empfindlichen Sträuchern und Pflanzen willkommenen Unterschlupf.

◆ Eine südseitige Veranda eignet sich bestens, um das Leben im Freien zu genießen, ohne auf die Annehmlichkeiten des Hauses zu verzichten. Hier (links oben) stützt ein Holzgerüst ein lebendiges Dach aus Blüten und Blättern, das im anschließenden Garten gepflanzt und über ein Gitterwerk nach oben gezogen wurde. Weitere Pflanzen in Holzfässern verstärken den Eindruck eines Gewächshauses.

◆ Die Wahl der Möbel für ein Zimmer im Freien hängt davon ab, wie sehr der Bereich der Witterung ausgesetzt ist. Diese Liege aus Rohrgeflecht (links unten) steht unter der verglasten Verandawand neben einem Tisch mit Topfgeranien und kann das ganze Jahr im Freien bleiben. Ebenso geeignet sind mit Kissen versehene Regiestühle aus Segeltuch, hölzerne Klappstühle und Kaffeehausstühle aus Preßstahl oder Schmiedeeisen.

◆ *Fliesen, Steinböden und -wände speichern die Hitze. Sie erwärmen sich während des Tages und geben die Hitze im Laufe des Abends wieder ab. Schlitze im unteren Bereich der Hauswand leiten die Wärme abends ins Haus. Wo die Veranda der Witterung ausgesetzt ist (links oben), sollte der Boden vom Haus zum Garten leicht abfallen.*

◆ *Die Stufen, die zu dieser offenen Veranda in Connecticut hinaufführen (links unten), werden für eine Sammlung duftender Sträucher und Blumen genutzt. Topfpflanzen brauchen regelmäßig Wasser und Dünger. In einem Regenfaß gesammeltes Wasser bietet einen guten Vorrat an temperiertem Gießwasser.*

◆ *Es gibt nichts Schöneres, als bei gutem Wetter eine Mahlzeit im Freien einzunehmen. Für solch ein zwangloses Mahl sollten Tischtücher und Servietten aus reinem Leinen sowie einfaches Geschirr zur Hand sein.*

RUHE UND ENTSPANNUNG

◆ Gartenmöbel sind heutzutage in vielen Formen und Farben erhältlich. Man sollte einen Stil wählen, der zum jeweiligen Garten paßt.

◆ Für einen Eßbereich in einer Clematis- oder Rosenlaube eignen sich elegant geformte schmiedeeiserne Stühle und Tische.

◆ Klobige Holzbänke, die mit einem wetterfesten Lack behandelt wurden, können das ganz Jahr über im Garten stehen und laden den müden Gärtner zu einer Rast ein.

◆ Einen kleinen Garten möbliert man am besten mit Klapptischen und -stühlen. Holzstühle in unterschiedlichen Stilen und Farben stellen einen interessanten Blickfang dar.

◆ Falls Sie am Ende des Gartens noch etwas Raum haben, können Sie dort einen Ruheplatz schaffen, indem Sie aus Geißblatt- oder anderen dicht rankenden Kletterpflanzen eine Laube über einer einfachen hölzernen Sitzgelegenheit wachsen lassen.

◆ Eine Einladung im Freien macht weniger Arbeit, wenn Sie Ihre Gäste an einer bestimmten Stelle versammeln können. Legen Sie einen Eßbereich an, indem Sie eine kleine Fläche pflastern und mit einer Markise überschatten, oder erhöhen Sie einen Teil des Gartens oder senken ihn ab.

AUFGEHÄNGT

Niemand kann bestreiten, daß man im Garten schon mit wenig Mühe große Erfolge erzielt. In der Mittagshitze laden diese an Bäumen befestigten Hängematten (oben) den müden Gärtner zu einer wohlverdienten Pause ein.

EIN RUHEPLATZ

Der bemalte Tisch, der Stuhl mit der schmiedeeisernen Bank (rechts) sowie der Liegestuhl sind hübsch und funktionell.

KAPITEL 6

Eine Ernte auf dem Lande

Seit Menschengedenken bauen die Menschen an, was sie essen, und sie essen, was sie anbauen. Die Ägypter hatten in ihren Gärten so ausgewählte Köstlichkeiten wie Feigen, Datteln und Trauben. Auch spätere Gärtnergenerationen haben entdeckt, welche Freude der Verzehr der frischen Ernte aus dem eigenen Garten bereitet.

Eine in die Schale und eine in den Mund: Kaum etwas ist schöner als die Ernte der ersten Sommerfrüchte im Erdbeerbeet.

Mit ein wenig Sachverstand und einem gewissen Arbeitseinsatz kann man auch einen bescheidenen Garten in ein blühendes und ertragreiches Feld, das die ganze Familie nährt, verwandeln. Obst, Gemüse und tierische Produkte kosten im Laden viel Geld. Mit etwas Zeit, Geduld und Platz kann man den Bedarf auch aus dem eigenen Garten decken.

GESCHORENE SCHAFE

Im Frühsommer geschorene Schafe stehen in einem Mohnfeld.
Solche Weidetiere gedeihen bestens auf der kräuterreichen Wiese eines
traditionellen Obstgartens.

GARTENFRÜCHTE

Supermärkte erhalten die Früchte zwar frisch vom Feld, doch bis die Produkte verfrachtet, gewaschen, sortiert und verpackt sind, schmecken sie fad im Vergleich zu Obst und Gemüse, das vom Garten direkt in die Küche gelangt. Zwar empfanden unsere Vorfahren einen großen Teil der Feldarbeit, etwa Pflügen, Säen und Ernten, als mühselige Plackerei, doch waren gartenfrische Früchte für sie eine Selbstverständlichkeit.

Heute hat man diese Freuden wiederentdeckt, und der Küchengarten hat neue Beliebtheit gewonnen. Die Anbaufläche wird durch Gras-, Ziegel- oder Steinpfade in vier Bereiche unterteilt. Um einen guten Ertrag zu sichern und die Entstehung von Krankheiten zu verhindern, findet innerhalb dieser Viertel ein Fruchtwechsel statt. Früher war die Ernte beschränkt: Im Winter gab es

Lauch und Kohl und im Sommer Bohnen, Erbsen, Zwiebeln und Knoblauch, zusätzlich die Blätter von Wasserkresse, Löwenzahn und Feldsalat.

Heute folgen auf Blumenkohl und Brokkoli Hülsenfrüchte wie Bohnen und Erbsen und anschließend Kartoffeln, Rüben und Zwiebeln, die den Boden lockern. Ringelblumen und Petersilie zwischen den Karotten halten unwillkommene Insekten fern und bringen Abwechslung in die Beete. Mit Glasglocken und Frühbeetkästen kann man die Anbauzeit verlängern. Unter Zierpflanzen angebaute Tomaten und Salat sichern die Vitaminzufuhr während des ganzen Sommers.

In alten Cottage-Gärten wuchsen die Kräuter Seite an Seite mit solch nützlichen Blumen wie der Apothekerrose (*Rosa gallica*), die ihren Duft auch noch in getrocknetem Zustand verströmte, und neben Pfingstrosen und Nelken, die zu Duftwasser verarbeitet und dann über frische Wäsche und Kleider versprüht wurden. Weitere Nahrungsquellen waren Haselnußsträucher, wilde Beeren, die an einem stillen Fleck wuchsen, sowie Feigen-, Olivenbäume und Holunderbüsche.

Heute können Gärten gleichzeitig ertragreich und malerisch schön sein. Gärtnereien bieten eine unglaubliche Fülle von Pflanzen an, und der unerfahrene Gärtner sollte sich von den gleichen Prinzipien leiten lassen, die auch seine Arbeit am Häuschen selbst bestimmten. Anstatt teure Züchtungen zu erstehen, empfiehlt es sich, das zu pflanzen, was bereits früher im Garten gedieh.

Die Anzahl der Obstbaumarten, die in Bauerngärten wachsen, ist traurigerweise stark zurückgegangen. In England gab es einst über 6.000 verschiedene Apfelsorten, heute sind es nur noch neun. Alte Sorten sind der Ursprung unserer heutigen ertragreichen Züchtungen, und berühmte Varianten, wie der Bramley-Apfel, kommen aus dem Küchengarten. Der Bramley wurde ursprünglich von Mary Brailsford in ihrem nordenglischen Garten angepflanzt. Als der Baum Früchte trug, wurde er nach einem neuen Hausbewohner, einem gewissen Herrn Bramley, benannt. Wenn im Cottage-Garten noch alte Bäume stehen, sollte man sie identifizieren, zurückschneiden und, wenn möglich, Ableger ziehen. Die schmackhafte Ernte mag nicht übermäßig ertragreich sein, doch wird sie wohl für die meisten Haushalte reichen.

Jedes Cottage hat sein eigenes Mikroklima, in dem eine Gemüseart gedeiht, während eine andere verdirbt. Während eines Plausches im örtlichen Café oder Gasthaus erhält man nützliche Informationen über die heimischen Arten, und unter Umständen kommt es sogar zu einem nachbarschaftlichen Austausch von Sämereien und Pflänzchen. Es lohnt sich festzustellen, welche von den lokal erhältlichen Pflanzen in Ihrer Erde gedeihen. Dies gilt vor allem für feine Gemüsesorten wie Spargel und Kürbis, die im Handel teuer sind und im richtigen Boden doch erstaunlich leicht gezogen werden können.

Für einen guten Boden braucht man einen guten Komposthaufen. Er sollte in einer schattigen Ecke, in der nichts anderes gedeiht, angelegt werden. Dort sammelt man Küchenreste und gibt Dung sowie gemähtes Gras und Blättermulch hinzu. So entsteht ein humusreicher Komposthaufen, der für die Erde besser ist als jede Menge dubioser Chemikalien und teurer Kunstdünger.

Vor einem Jahrhundert herrschte bei der Familie, die sich an den Tisch setzte, um die eigenen Erzeugnisse zu verzehren, vor allem Erleichterung. Heute hat die Erleichterung einem Gefühl der Befriedigung Platz gemacht. Man genießt eine Nahrung, die ohne unnötige Chemikalien hergestellt wurde (jeder Gärtner sollte versuchen, auf Pestizide und Insektizide zu verzichten), und empfindet obendrein noch eine selbstzufriedene Freude darüber, daß man ein Produkt aus dem eigenen Anbau verzehrt.

Da der Häusler keine andere Wahl hatte, ging er mit seinem Land behutsam um. Ein Gärtner, der ein Gemüsebeet neu anlegen will, entfernt zuerst das Unkraut oder die »bösen Kräuter«, wie die Franzosen so schön sagen. Dann sollte er so lange graben, bis er auf alte, nährstoffreiche Erde trifft. Bei guter Behandlung trägt dieser Boden immer wieder Früchte. Der Cottage-Garten sollte mit ebensoviel Sorgfalt geplant werden wie das Haus selbst. Bestimmte Flächen sind Obst und Blumen vorbehalten; in anderen umzäunten Arealen befinden sich die wetterfesten Ställe für das Vieh. Wenngleich die genaue Anordnung von der Beschaffenheit des Grundstücks abhängt, kann man doch nach folgender Faustregel vorgehen: Blumen und Rasenflächen bestimmen den Vordergrund. Gemüsebeete, Wäscheleine und Komposthaufen sind in der Mitte, während sich der Obstgarten und die Haustiere im Hintergrund befinden und durch einen stabilen Zaun vom Rest des Grundstücks getrennt werden.

Innerhalb dieser Anlage gibt es Platz für einen Bienenkorb, der so aufgestellt werden sollte, daß die Flugbahn der Bienen den Gartenpfad nicht kreuzt. Wenn der Hühnerstall nahe am Haus liegt, sollte man sich besser keinen Hahn zulegen, denn im Sommer erschallt sein Morgenruf, lange bevor der Wecker klingelt.

In der Sonne getrocknet
Wann man Gemüse und Kräuter erntet, hängt von der Jahreszeit ab. Hier (oben) trocknen Knoblauch, Zwiebeln und Lavendel in der Sonne.

Der Lohn der Arbeit
Um eine gute Ernte und damit Vorrat für den Winter zu erzielen, benötigt man keine magischen Kräfte. Es reichen ein gut gedüngter Boden und genügend Sonne (gegenüberliegende Seite).

KRÄUTER

räuter gehören zu den Pflanzen, die sich für einen Cottage-Garten am besten eignen. Ihre vielfältigen kulinarischen und heilkundlichen Eigenschaften, ihre Duftstoffe und die Tatsache, daß sie auch auf nährstoffarmen Böden gedeihen, machen sie zu einem wichtigen Element in einem autarken Bauerngarten. Früher wurden die Kräuter in Beeten nahe der Küchentür gezogen, so daß man sie frisch aus dem Boden zum Kochen, zum Bestreuen von Speisen oder als Heilmittel verwenden konnte. Heute findet man in vielen Landhäuschen (und auch in Stadtwohnungen) einen mit Kräutern gefüllten Pflanztrog nahe bei der Küche.

Kräutergärten haben in den letzten Jahren einen neuen Aufschwung genommen, da die Menschen die sicheren heilenden Eigenschaften der Kräuter wieder zu schätzen wissen. Die Rückkehr zu einer natürlichen Kost geht mit der Wiederentdeckung der Kräuter als natürliche Küchengewürze einher. Auch der Wohlgeruch getrockneter Duftsträußchen verdrängt allmählich die umweltfeindlichen Luftverbesserer aus Spraydosen.

Das Ausmaß, in dem man einen traditionellen Kräutergarten schaffen will, hängt von der verfügbaren Fläche und der Art des bestehenden Gartens ab. Der Kräutergarten kann aus einem einfachen Terrakotta-Topf bestehen, in dem nur einige Gewürzkräuter, zum Beispiel Thymian, Petersilie und Salbei, gezogen werden. Er kann aber auch die Größe eines symmetrischen elisabethanischen Gartens annehmen, in dem sich Duft- und Heilkräuter, beispielsweise Lavendel, Rosmarin, Kampfer und Zitronenmelisse, abwechseln.

Ein Kraut wird definiert als »Pflanze, die dem Menschen entweder durch Blatt, Blüte, Stengel oder Wurzel nützlich ist«. Somit umfaßt der Begriff nicht nur bescheidene Varianten, wie etwa Petersilie und Minze, sondern auch herrlich dekorative Pflanzen wie Rose, Geranie und Geißblatt. Mit diesem Wissen ausgerüstet, ist es verhältnismäßig einfach, einen praktischen und dekorativen Kräutergarten anzulegen.

Wenngleich sich ein Südbeet für Kräuter am besten eignet, gedeihen sie auch, wenn sie während der Sommermonate täglich nur wenig Sonnenschein abbekommen. Zu den Kräutern, die schattige Lagen bevorzugen, gehören Schnittlauch, Sauerampfer und Angelika. Man umrahmt das Beet mit wuchernden Kräutern wie Lavendel, Rosmarin und Ysop. Sie sollten in großen Abständen gepflanzt werden, da sie sich schnell ausbreiten.

Duftkräuter verbreiten ihr herrliches Aroma sowohl im Freien als auch im Innern des Hauses. Die Blütenblätter von Rosen, Zitronenminze und Lilien kann man zu herrlichen Duftsträußen binden. Man kann auch Lavendel und Rosmarin in kleine Beutel einnähen und diese zwischen die Kleider hängen. Kleine Kissen aus Ysop und Gartenraute sichern ungestörten Schlaf.

Man erntet Kräuter, indem man sie kurz vor der Blüte von den Pflanzen pflückt. Zu diesem Zeitpunkt sind ihre Wirkstoffe und ihr Duft am stärksten ausgeprägt.

VOM GARTEN DIREKT IN DIE KÜCHE

Küchenkräuter werden möglichst nahe am Haus gepflanzt, da sie frisch aus der Erde am besten schmecken. Ob in einem eigens angelegten Küchengarten oder wie oben in einem Kräuterkorb, ist den örtlichen Gegebenheiten vorbehalten.

KRÄUTERGARTEN

Der Boden neben einem neuen Haus ist meist nährstoffarm, doch Kräuter gedeihen auch auf schlechterem Boden. Zwischen Pflastersteinen gepflanzte Kräuter (links oben) – Majoran, Lavendel und Zitronenmelisse – verströmen ihren Duft.

Ein neu angelegtes Kräuterbeet sieht kärglich aus, doch darf man nicht vergessen, daß die Pflanzen sich schnell ausbreiten und die Leerräume füllen. Man kann entweder neue Pflanzen zwischen die Blumenbeete setzen (links unten) oder sie in einem eigenen Beet einpflanzen, das man mit einigen Ziegelsteinen einfaßt.

ERNTEN UND BEVORRATEN

Für die Ernte von Kräutern, Blumen und Feldfrüchten gilt die gleiche Regel: »Wähle die besten Teile zu ihrer besten Zeit.« Kräuter wie Minze, Majoran, Thymian und Estragon kann man zu Sträußchen zusammenfassen und neben Blumen, etwa Mondviolen mit ihren silbrigen Samenhülsen, Schafgarben, Lilien und Grasnelken, in einem trockenen, luftigen Schuppen aufhängen. Die Blumen sollte man ernten, bevor ihre Blüten sich vollständig geöffnet haben. Andere, wie der Rittersporn, die ihre Farben behalten, eignen sich zum Pressen. Früher konservierte man frische Nahrungsmittel mit Hilfe von Sonne, Rauch, Salz und Eis. Im Herbst herrschte in der Cottage-Küche größte Betriebsamkeit. Bohnen wurden in irdene, mit Salzlake gefüllte Gefäße gelegt. Getrocknete Erbsen wurden in mäusesicheren Blechdosen aufbewahrt. Überzählige Eier kamen in Drahtkörbe und in Kübel mit Wasserglas. Rüben wurden gezogen und in Erdkellern oder Strohhaufen gelagert. Zwiebeln und Knoblauch trockneten, auf Schnüre aufgezogen, in der Sonne. Aus den Äpfeln entfernte man das Kernhaus, bevor man sie neben Minze, Oregano und Lavendel trocknen ließ. In Töpfen und Pfannen blubberten Marmeladen und Chutneys. Aus Musselintüchern, die von den Beinen eines umgedrehten Hockers hingen, tropfte rosa Fruchtsaft in Porzellanschalen. Am Ende des Tages wurde daraus Gelee gekocht.

Als man noch keine Gefriertruhe kannte, machte die Konservierung von Lebensmitteln einen wichtigen Teil des Landlebens aus. Wie andere ländliche Fertigkeiten war auch diese fast in Vergessenheit geraten, als die Menschen endlich erkannten, daß die alten Techniken immer noch ihre Existenzberechtigung haben.

Wenn die Hausfrau in früheren Jahren das letzte Einmachglas gefüllt und auf das Regal gestellt hatte, atmete sie erleichtert auf und wandte sich einer anderen Aufgabe zu, nämlich der Herstellung von Wein und Most für die kommende Saison.

Die Vergärung von Alkohol ohne kommerziell erhältliche Zusätze ist eine andere, fast vergessene Kunst. Früher stellte jede Region ihr typisches Gebräu her. Die Franzosen hatten ihr *eau de vie*, die Iren das *potsheen*, die Amerikaner den Apfelwein und die Engländer ihre Landweine. Viele traditionelle Rezepturen wurden verboten und vergessen und von synthetischen, gesüßten Ersatzprodukten verdrängt. Wenn man das Glück hat, bei einem Bauern selbstgebrauten Most zu kosten, weiß man erst, was man verloren hat.

In einem guten Jahr ist ein fruchtbarer Garten wie eine Flut von Nahrungsmitteln, der man kaum Einhalt gebieten kann. Heutzutage haben die Menschen selten genug Zeit, um sich mit allen Kräften den alten Methoden der Vorratshaltung zu widmen. Doch kann man sich auf Qualität statt auf Quantität konzentrieren und die schönsten Bohnen und Erbsen einfrieren und die Vorratskammer mit einer bescheidenen Sammlung von eingelegten Rüben, Schalotten, Fruchtchutneys und Aufstrichen bestücken. Sonnengetrocknete Zwiebeln können in alten Strumpfbeinen aufbewahrt werden. Überzähliges Obst kann man einfrieren oder zu zuckerreduzierten Marmeladen verarbeiten.

DIE ERNTE VON KRÄUTERN UND BLUMEN

Der in Südeuropa heimische Lavendel ist typisch für den ländlichen Garten, wenngleich er im Laufe der Jahre etwas vernachlässigt wurde (rechts). Blumen wie Mohn (oben) sollte man sofort pflücken, wenn sie zu welken beginnen, und mit dem Kopf nach unten an einem warmen Ort aufbewahren.

TIERHALTUNG

Im 19. Jahrhundert waren die meisten Katen und Häuschen kleine Bauernhöfe, die sich um einen Innenhof gruppierten, wo der Gockel vom Misthaufen krähte. Zum Wohnhaus gehörte ein Schweine- und Kuhstall sowie ein Schuppen. Auf diesen kleinen Gehöften regierte das Vieh, das den Bewohnern Nahrung und Einkommen zugleich war.

Wenn nötig, teilte die Familie den Wohnraum mit den Tieren. Verwaiste Lämmer wurden in der Küche mit der Flasche aufgezogen, und Hühner nisteten in speziell gebauten Schränken im Unterteil des Bettes. Manchmal wurde das Vieh geradezu verwöhnt. Ein Schriftsteller des 18. Jahrhunderts beschreibt zum Beispiel, daß er sein Mahl in einer nordwalisischen Küche zusammen mit einer riesigen Sau einnahm, die ihr Abendessen mißmutig verschlang, da ihr die Menge unzureichend erschien.

Heutzutage wollen die meisten Landhausbewohner keinen so engen Kontakt mit ihren Haustieren pflegen. Doch wenn man die mit Tierhaltung verbundene Arbeit nicht scheut, wird sich schnell zeigen, daß sich die Mühe lohnt.

Der Schweinestall gehörte früher ebenso zum Cottage-Garten wie der Taubenschlag. Ersterer war meist vom Haus getrennt, während die Tauben häufig im Speicher oder Giebel untergebracht wurden. In den mageren Wintermonaten waren Schweinestall und Taubenschlag eine Quelle für frisches Fleisch. Ziegen und Kühe sorgten für Milchprodukte, die früher wie heute zu Weichkäse verarbeitet und mit Kräutern aus dem eigenen Garten gewürzt wurden.

Heutzutage hört man im Garten eines Landhäuschens wohl eher das Glucken von Hennen oder von zufriedenen Enten. Schweine und Kühe sind eher eine Seltenheit. Es gibt nichts Schöneres, als die Eier der eigenen Hennen zu sammeln und zu verzehren. Ein halbes Dutzend gute Legehennen versorgen eine große Familie den ganzen Frühling und Sommer mit Eiern. Als Gegenleistung verlangen sie lediglich frisches Wasser, eine Handvoll Körner und Platz zum Scharren.

DIE FREUDEN DER TIERHALTUNG
Tiere sind ein Gewinn für jedes autarke Landhäuschen. Sie bieten Nahrung, Wärme und Gesellschaft.

STICHWORTVERZEICHNIS

DANKSAGUNGEN

Der Autor dankt Johanna Bradshaw, David Laws, Mandy Little, Annik Marsollier, Simon Mole, Jean Perry, Catherine und David Petts, Michelle Seddon-Harvey und Vivienne Southorn.

Der Verlag dankt den folgenden Fotografen und Organisationen für die freundliche Genehmigung, die Bilder in diesem Buch abzudrucken:

1 S & O Mathews; *2* Stylograph/Yves Duronsoy/Helene Laforgue; *3* S & O Mathews; *4* Andrew Lawson; *5* Stylograph/Jacques Dirand; *6–7* Reflections Photo Library/Jennie Woodcock; *7* John Heseltine; *8 links* Serge Chirol; *8–9* Jessie Walker; *10* Christian Sarramon; *11* Explorer/M. Smith; *12 oben* Explorer/A. Philippon; *12 Mitte* Paul Ryan/International Interiors; *12 unten* Explorer/S. Grandadam; *13* Michael Busselle; *14 oben* Ffotograff/Patricia Aithie; *14 unten* Explorer/N. Thibaut; *15 oben* Serge Chirol; *15 unten* Edifice/Hart Davies; *16 oben* John Miller; *16 unten* S & O Mathews; *17* Michael Busselle; *18–19* Clay Perry; *19* Hamish Parks; *20* Ianthe Ruthven; *21* Edifice/Gillian Darley; *22 links* Michael Busselle; *22 rechts* Andrew Lawson; *23* Jessie Walker; *24 oben* Christian Sarramon; *24 unten* Jerry Harpur (Chiffchaffs, Dorset); *25* S & O Mathews; *26 oben* Explorer/P. Roy; *26 unten* Explorer/F. Jalain; *27 oben links* Explorer/S. Cordier; *27 unten links* John Miller; *29* Ingalill Snitt; *30 oben* John Miller; *30 unten links* Explorer/B. Maltaverne; *30 unten rechts* Explorer/P.Roy; *31* Elizabeth Whiting & Associates/David George/Cassell; *32 links* Guy Bouchet; *32 rechts* Ffotograff/Patricia Aithie; *33* Christian Sarramon; *34* © Image/Dennis Krukowski, 'The Farmhouse', Bantam Books, USA; *35 oben links* Elizabeth Whiting & Associates/Jerry Harpur; *35 unten links* Jan Baldwin; *35 rechts* Jessie Walker; *36* Simon McBride; *37 links* Simon McBride; *37 rechts* Ianthe Ruthven; *38 oben links* Agence Top/Pascal Chevallier; *38 oben rechts* Marie Claire Maison/Limbour/Billaud; *38 unten links* Pia Tryde; *38 unten rechts* Guy Bouchet; *38–9* © Image/Dennis Krukowski, 'The Farmhouse', Bantam Books, USA; *40* Ianthe Ruthven; *40 unten* Amparo Garrido; *41* Paul Ryan/JB Visual Press; *42–3* Peter Woloszynski; *43* Gary Rogers; *44* Daniel & Emmanuelle Minassian; *45* Elle Decoration/Simon Wheeler; *46 oben* Tim Beddow; *46 unten links* Christine Ternynck; *46 oben rechts* Christian Sarramon; *47* Jeff McNamara; *48 oben* Marie Claire Maison/Bailhache/Comte; *48 unten links* Antoine Rozes; *48 unten Mitte* Fritz von der Schulenburg (Villa Vicosa); *48 unten rechts* Simon McBride; *49* Kari Haavisto; *50* Elizabeth Whiting & Associates/Tim Street-Porter; *51 oben* Elizabeth Whiting & Associates/Spike Powell; *51 unten links* Marie Claire Idées/Chabaneix/Bastit; *51 unten Mitte* Christian Sarramon; *51 unten rechts* Agence Top/Pascal Chevallier (freundlicherweise zur Verfügung gestellt von Michel Sauboua, Direktor der Galerie Epsilen in Lyon, Frankreich), *52* Simon McBride; *53* Explorer/L. Girard; *54–55* Bent Rej; *56* Marie Claire Maison/Bailhache/Comte; *56 unten* Gary Rogers; *57* Ianthe Ruthven; *58 links* Karen Bussolini; *58 rechts* Amparo Garrido; *59* Derry Moore; *60–16* Marie Claire Maison/Chabaneix/Ardouin; *62 links* Ianthe Ruthven; *62 rechts* Walter Smalling Jnr; *63* Jean-Pierre Godeaut; *64–5* Tim Beddow; *65* Jean-Pierre Godeaut; *67* Simon McBride; *68* Christian Sarramon; *69* Guy Bouchet; *70* Jean-Pierre Godeaut; *71* Tim Beddow; *72* Amparo Garrido; *73 oben* Ianthe Ruthven; *73 unten links* Marie Claire Maison/Snitt/Rozensztroch; *73 unten rechts* Deidi von Schaewen; *75 oben* Simon McBride; *75 unten links* Elizabeth Whiting & Associates/Spike Powell; *76 links* Ingalill Snitt; *76 rechts* Derry Moore; *77* Derry Moore; *78* Stylograph/Jacques Dirand; *79* Elizabeth Whiting & Associates/David George/Cassell; *80–1* World of Interiors/Tim Beddow; *82* Hannu Mannynoksa/JB Visual Press; *83* Boys Syndication/Michael Boys;